你不必活在別人的期待裡

活得漂亮，這世界也會與你溫柔相待。

小木頭——著

迎合他人的期待不過是一種安慰假象，用來說服別人，也用來矇騙自己，
最後陷入假裝合群的泥淖中，難以走出。

我們都要成為一個獨特的人，一個自己認為最好的自己。

丟掉虛偽的假面，甩開沉重的包袱，你要願意相信並善待自己。
你的人生方向，永遠重於那些無關緊要的他人期待。

推薦序

決心人生就只為值得的事情而活

楊熹文

第一次讀到小木頭的文章時，我正經歷人生的痛苦期，迷茫連同氧氣一起吸入身體，每一天在鐘錶的滴答聲中察覺到身體變得沉重。

毫不誇張地講，如果不是那時看到小木頭的那些文字，我差一點就失去了幸福的能力。她在一篇有關「低配人生」的文章中寫道：「所謂低配人生，並非讓你壓縮生存空間，降低生活品質，而是在這個充滿選擇與欲望不斷擴張的世界裡，學會辨別與放棄。」

我打包好一房子的垃圾，也打包好自己的煩惱，決心人生就這麼只為值得的事情活吧。

事實也真的如此，我從此未再遇見太難過的事情。

那之後，小木頭的文章流傳甚廣，與那些抱有急功近利心態的文章不同，當所有人都盡力踏著別人希望攀爬到社會的頂尖，小木頭卻平靜地說：「何必苛求成功，努力做個幸福的普通人不好嗎？」

小木頭的行文透露著日本作家松浦彌太郎的風格，傳達的資訊也有與其相似的智慧：幸福是由生活最基本的事情構成，若心態平和，穩步向前，就能擁有體面而認真的幸福。

我從那時開始，就在朋友圈[1]裡潛伏著看小木頭的生活，我遙遠地把她當作自己的嚮往。她以為這是普通的幸福，這卻是90%女人的願望：她喝茶插花，熱愛烘培，常常在午後的陽光裡用一塊自製的蛋糕配毛姆的文字，也願意和旁人分享家人充滿幸福味道的生活……我觀望著，羡慕著，模仿著，這是我深以為的人生本真的模樣。

後來與小木頭成為朋友，與她吐露心聲，才發現她的另一面人生。她是個溫柔的人，也有堅決不妥協的一面。她始終保持經濟獨立，執著自己所熱愛的事業：寫作中做一個執著夢想的寫字人，工作上做一個盡善盡美的強者，生活裡做一個盡職並且有趣的母親和妻子。

有人說過：「最完美的女人便是如此，事業上堅定，生活上溫情。」小木頭無疑是這樣一個人，無論在事業與生活上都堪稱完美的人。

在她的這本書中，除去溫情細膩的生活描寫，還有犀利明朗的勵志故事，一個女人的成長和幸福哲學，都描述在文字的字裡行間，那是她來時的路，正以最真誠的方式向讀者敘述。

這本書會以最清晰的思維告訴你，一個女人如何過上勵志也溫情的生活，如何過上

---

1 朋友圈：微信軟體中，可以針對好友發表文字和圖片的一個社交功能，類似於 LINE 的貼文串。

不令自己後悔的幸福人生。此時我在微博[2]上看到她說的一句話：「還是要愛這五彩斑斕的世界呀。」

一個女人的成功，是事業上的堅定，生活上的溫情。

一個作家的成功，是文字上的真誠，思想上的睿智。

這幾點特質，小木頭都集齊了。

二〇一七年一月

自序　不要讓世界喧囂，擾亂你的步伐

整個二〇一六年，都很忙亂。

告別住了十年的房子，搬進了新居，從裝修到入住，大半年的時間裡，每一天都像是在打仗；

豆豆哥成了一年級生，從前悠哉悠哉的小朋友，漸漸有了壓力，陪他一起適應，和他一起成長，我們也成了新升級的父母；

而我自己也經歷了「巨大」的變化，離開了工作十多年的雜誌社，這份工作是我還未邁出校門就開始做的，這十多年我們休戚與共，互相成全，所以真的不是說一聲「辭職」那麼簡單，有點像是跟從前的時光和記憶剝離，有一種鈍感的疼痛。可是我知道，若是我想往前走，就必須經歷這種疼痛，慢慢走去我想要去的地方。

一整年，再忙再亂，再蓬頭垢面分身乏術，卻也一直在寫。

有時候覺得很奇怪，偶爾休息不好，混混沌沌，但是只要坐在書桌前，打開電腦，

2 微博：中國大陸的主流微網誌，可讓使用者即時更新一段簡短文字並公開發布。

立刻就有了精神，就可以全神貫注地碼字[3]。

大概因為太知道來之不易，所以就格外珍惜吧。

二〇〇七年前後，我在工作之餘給一些雜誌寫稿。自己喜歡，又能賺零花錢，就特別開心。有時候心中還有點得意，自己的名字可以出現在大牌雜誌上，心中歡喜：也許在寫字這條路上，我還是很有前途的吧？

機緣巧合，我有兩個親近的朋友在無意中，先後跟我透露過同一個說法：有創作欲望不代表有創作才華，很多人某個階段能夠寫出好東西，但也可能只是曇花一現的靈感而已。

他們也並不是針對我。但說者無心，聽者有意，這幾句話像是炮彈一樣，在我面前炸開來，真的是五雷轟頂啊。

那些欣欣然的良好感受，那些想要實現作家夢的小心思，那些「我還有點小才華啊」的自信心，灰飛煙滅，不復存在。

因為我忽然開始懷疑，我那些能夠順利發表的文章，我那些能夠被刊登的小說，大概也是某個階段我曇花一現的靈感吧，也許不是真正的才華吧？大概是我太高看自己，甚至誤解了自己吧……

從那之後，我居然一蹶不振，寫得少了，發表的就更少了，在之後的三年時間裡，從自己的創作小高峰一下子跌落到低谷。更可怕的是，這彷彿是在驗證那個說法啊：

看，被人說中了吧，你那只是創作欲望，你如果有才華的話，現在怎麼可能沒有好作品出來……

陷入一個惡性循環。不相信自己能寫好，就很少寫；寫得越少，就寫得越不夠好，更加懷疑自己。

直到二〇一〇年，我休完產假回雜誌社上班，主管讓我接手寫卷首語，半是樂意半是無奈地接手之後，每週一篇千字隨筆。

我的自信也就是在這個過程中逐漸重塑的。寫得多了，慢慢寫出了自己的風格，偶爾寫得還可以，會被相熟或者陌生的讀者誇讚幾句，漸漸居然就有了自信，寫出了一片小天地，那些文章後來集結成了一本書，就是《最好的時光剛剛開始》。

再後來開了個微信公眾號[4]，開始寫啊寫，不管是被大規模轉載，還是只是自娛自樂，我都不那麼在意。

寫作漸漸成了我重塑自我的一種方式，我不再那麼在意別人的說法與看法，我漸漸成了我，自在隨性的我，幸福自由的我。

那是一個漫長的過程，在三五年的時間裡，我從初出茅廬的狂妄自信到陷入自我質疑的低谷之中，再到通過一點點摸索和努力，找到自己的方向，真的是一個漫長而痛苦

---

3 碼字：指創作時的打字。

4 微信公眾號：類似於 Facebook 的粉絲專頁，可宣傳品牌或企業資訊，比個人帳號多加了許多商業相關功能。

的過程。

但這也是我最大的幸運，畢竟我還能找到這樣一條小路，實現我的夢想，做我最喜歡的事情。

我知道，我比很多人幸運。

寫作是我喜歡的事情，也是我人生的救命稻草，在痛苦最疲憊、最無助的時候，寫作救了我，它給我一個喘息的機會，給我一個看待世界的不同角度。

也是在寫作中，我更加瞭解自己，變得越來越像我，真正的我。

我相信努力，相信奮鬥，我相信一個人只要付出就會有收穫，我也相信，幸福遲早會抵達，只要我值得。

我把這些，都寫了下來，寫給跟我一樣有過困惑、痛苦、煩惱的人們看。

這是我與自己對話的過程，也是我向這個世界的人們表達我善意的方式，我想我找到了那條通往幸福之路的方法，也許，對別人會有一點點幫助吧。

這也是這本書中大部分文字所要表達的。我想讓我親愛的讀者們知道，這個世界有千萬種活法，也有千萬種幸福，只要你肯相信肯努力，你終將獲得屬於自己的那一份，真的。

哪怕周圍的人不相信你，你也要相信你自己，不要隨便因為別人而改變自己的方向，不要被世界的紛擾喧囂，打亂了你的步伐。

畢竟，你要成為你自己，而不是他她它，對嗎？

還是要很感謝過去那幾年覺得略微艱難的路啊。

因為跋涉過，艱難過，煩惱過，所以更加明白自己想要的是什麼，想成為什麼樣的人，想做什麼樣的自己，而且無比堅定，這大概是我最大的幸福和收穫。

而這些，我想一一說給你聽，但願對你有那麼一點點幫助，也好吧。

這本書能夠順利出版，還是要一一感謝——

謝謝我的父母，如果沒有他們的幫助，我大概很難有那麼多精力寫作；

謝謝我的公婆，他們對我的理解讓我覺得自己真的很幸運也很幸福；

謝謝克萊德先生，他給予我很多耐心和理解，替我分擔了很多；

謝謝豆豆哥，媽媽永遠愛你；

還要謝謝親愛的葉萱，妳給我的鼓勵對我很重要；

謝謝亞娟、王瑜和潔麗，謝謝你們的幫助和專業；

謝謝老楊，雖然在異國他鄉，但總覺得就在咫尺；

謝謝我的閨蜜李穎、苗苗和曉娟，謝謝妳們忍受我的壞脾氣還對我好；

謝謝所有愛我和我愛的人，謝謝你們對我的擔待，愛你們。

小木頭　二〇一七年二月

目錄

Part.1 成為自己，是最棒的事

Part.2

幸福不是你想的那麼淺薄

Part.3

我一定要活成我想要的樣子

Part.4

做一隻優雅的刺蝟

Part.1

成為自己，是最棒的事

我喜歡你，因為跟你說話一點都不累

一個人的溝通能力，非常重要。會表達，只是溝通能力的其中一項，更為關鍵的是，你得會聽。世界上那麼多有趣的人、有趣的事兒，沒人願意跟不會說話的人費勁。

我特別喜歡跟「說話不累的人」交往。

這種人，要麼特別聰明，一點就通，你說個開頭他立刻就能領會接下來的意思，特別有那種「心有靈犀」的感覺；要麼特別真誠，讓你可以知無不言言無不盡，不用千迴百轉費盡心思地解釋；還有些呢，溝通技巧未必有多高，但貴在簡單直白，直奔主題，特別好。跟說話不累的人交往、合作或者談戀愛，特別舒服，溝通成本大大降低，不必過多耗費我們的時間、精力和心情。

總之，我喜歡跟這種人交往。

跟一個人溝通是輕鬆還是疲憊不堪，會左右我對一個人的印象、態度。

儘管溝通能力是不同的，有的人擅長表達，有的人則差一點，但大多數時候，態度決定一切。

有時，你跟一個人溝通吃力，是因為他永遠心不在焉，永遠顧盼左右，你認真地解釋清晰地表達，他卻哼哼哈哈，過半天再問你：「什麼，你說的是什麼？」我真的非常討厭這種人。

因為這是對人的不尊重，這種人無論是私人朋友還是工作關係，我都會敬而遠之——如果是工作不得已，那也一定在完成工作之後，敬而遠之。

有一天，我發了幾張喜歡的書店照片，有個人問我是否可以轉發朋友圈。我說可以啊，告訴他其中有幾張是我去過後拍的，還有幾張沒去過，是網上看到了很喜歡存下來的。理解力不是很差的話，應該能看懂吧?!

但過了一會兒，他問：「啊，這些地方妳都去過嗎?!」

我重複回答：「不是。其中幾個我去過。還有幾個沒去過，網上看到的。」

他又奇怪地問了好幾個完全不知道為什麼的問題，後來，終於轉了朋友圈，胡謅了幾句話說什麼「聽說這年頭不去書店裝一下不好意思說自己是文化人」。

我當即拉黑了他。

我猜不透是他的智商與情商有問題，還是溝通能力差導致我的反感，總之我的判斷中，這種人不但不能給我帶來任何有意義的東西，反而很有可能因為無聊提問而浪費我的時間。哪怕是公眾號裡從未謀面的陌生讀者提問，一般情況下我都會回應的，但如果一個問題我清晰地表達了觀點之後還在同一個層面上追問不休的人，我就無力招架，逃之夭夭了。大家各自安好吧。

時間是最昂貴的成本。

它一分一秒地過去之後，永遠都無法找回來，無論你多有錢，多有才華，時間都不會因為你而停駐，它從來都是毫不留情地過去，滴答滴答地溜走。

我不能把自己每一秒都是新鮮的、獨一無二的時間，浪費在語焉不詳、溝通有難度還不怎麼尊重別人的人身上。

如果一個人的理解力有問題，那我們可以多付出點耐心，慢慢解釋給他聽——面對小朋友的時候，不就是這樣的嗎？當許多問題他們無法理解的時候，我們是可以慢慢解釋的。

但如果因為一個人的心態而造成溝通障礙的時候，就真的沒必要那麼「苦口婆心」了。

一個人的溝通能力，是非常重要的。

會表達，只是溝通能力的其中一項，這裡面有很多天生的成分；若是你不那麼會表達，把話說明白就可以了，沒人苛求你非得嘴上功夫特別厲害。

更為關鍵的是，你得會聽。

認真聽，還要用心聽，不僅僅是帶著耳朵，要不然左耳朵進，右耳朵出，別人需要你給出反應的時候你呆若木雞，有問題需要你思考時，你的心思早就不知道跑到哪裡去了，不要說思考，問題都沒聽明白。

談合作時，坐下來幾分鐘我就能夠判斷出坐在我對面的這個人是什麼心態——有的人滿口「好好好」，其實一句都沒往心裡去，這種合作一般不會成；有的人一會兒接電話一會兒摸手機，全程都很忙，根本不聽你說話；還有的人，說得很熱鬧，熱火朝天地跟你討論合作模式傳達他的理念，但談的話題根本差了兩萬五千里，這也可以說是在浪費時間。

這些人我遇到過不止一次。

曾經有人輾轉聯繫到我，合作的心意特別迫切，於是我去跟他們聊，看能不能找到結合點。

不到十分鐘，我就對這件事失去了興趣和信心，對方全程都在炫耀他們的業績有多好，事情做得多完美。我試圖把話題拉到合作這件事上，他們重複一下「對啊，看看有沒有什麼能合作的點」，然後又繼續跑偏……這哪裡是談合作啊，這是一次成功的自我表揚大會啊！

後來，果然不了了之。而我完全沒有一點點再跟他們溝通的欲望，跟他們說話太累了。不在一條線上的人，盡量少打交道。尤其是那種可有可無的交道，就讓它們自然而然地消失吧，不然你會付出太多而收穫極少，關鍵是特別花時間。

這些年，我越來越不喜歡跟人家「辯論」。

一件事情，不一定非要有個定論，你有你的觀點，我有我的想法，大家和而不同，互相傾聽一下對方也是很好的，為什麼非要爭個對與錯，甚至魚死網破？

我對於持有「我就是對的」的人抱有敬畏之心，也總是敬而遠之，因為不知道什麼時候哪句話就觸動了他偏執的好勝心，非要開一個辯論會，爭個高低，唉，累不累啊？

我跟閨蜜經常因為一些小事各抒己見，我說一二三，她認為四五六，爭論幾句就聊別的去了，懶得繼續下去。

我和克萊德先生的觀點也有許多大相徑庭的，而我們奉行的就是「和而不同」，哪怕是夫妻，也沒有必要非要爭出個結果來，又不是關係生死的大事兒，何必那麼認真。

當你跟一個人說話不累的時候，當然會願意跟他多說幾句，跟他多交往一些，因為你一點他就懂，或者他跟你意見不同也沒什麼關係，你們發現這種差異也很有趣，甚至啟發你的思考，這樣多好。

唉，我是越來越不能跟說話累的人交往了，世界上那麼多有趣的人、有趣的事，我何必在他這裡費勁呢。

對不對？

你認識誰，當然很重要

當你認識那些比你優秀、比你出色、比你努力的人時，你會明白更多從前覺得淺顯如今卻一再被證實的道理，你會不再輕易自滿，而是更加踏實，更加努力。

「你認識誰，並不重要，重要的是，誰認識你。」——這句話一度被許多年輕人奉為座右銘。

減少無效社交，不要把所謂的人脈資源當成真正屬於自己的「能量」，這當然是對的。

但從某種角度來看，這句話又不完全正確。

「你認識誰」，這也是一件很重要的事情啊——這個認識不是所謂的「我跟誰吃過飯」、「我見過誰」甚至「某某是我朋友的朋友的好朋友」這麼淺顯，而是真正的認識、知道、瞭解。

做媒體的日子裡，我的確「認識」蠻多人的。

這份職業本來就是與人打交道的，所以我的採訪名單和電話簿裡，多的是明星藝人、主播網紅、名模畫家、本地名流，這些都是我生活圈子之外的人，有一些名字看起來還挺令人神往的——剛剛走紅的姚晨、正在崛起的海清、尚未成為情感專家的網紅Ayawawa……最初一兩年，我和很多人一樣還挺興奮的，「哇，我見到了誰誰誰！我採訪了某某某！可以見到好多名人啊！」

後來……就越來越淡定，甚至越來越無感了。

因為隨著年齡增長，工作資歷越來越深，會更加清楚地認識到：這種所謂的「認識」，不過就是一次短暫的會面，幾通電話，是彼此在工作中的偶遇罷了，回到各自的角色和身分裡，就再也不會有任何交集。

與之相似的是，許多人熱衷於各種社交活動，奔忙在各種酒局、飯局、人情局之間，夢寐以求想要認識各種風雲人物、行業大老。夢想成真當然也是有可能的，飯桌上的推杯換盞，稱兄道弟，一見如故，換回來的不過是一句「我們一起吃過飯」抑或「我前幾日剛見到他」，剩下的，就再也沒什麼了。

這只是一種非常淺薄的「認識」。因為帶著功利的目的去的，是一種單方面的渴望、激進，幾乎產生不了任何互動，這種「認識」效果可想而知。

那些傳說中在酒桌上談成的事情，一定都是在酒桌下就思量好了的，不過是換個地點來最後確認罷了；而在酒桌、飯局中認識的人，更重要的是在離開這個場合之後是否還認識你，否則，效果是零。

我們的確應該多認識一些人。

尤其是那些比我們更優秀、更有見地的人，行業中的精英，有豐富的人生閱歷和精準的眼光，見過世面並且真正有思想的人，我們應該找機會去認識這樣的人，哪怕是聆聽，哪怕是在一旁觀望，只要去學習，都會獲得意想不到的驚喜。

做為普通人，我們的生活圈子不夠大，視野也頗多局限，所以，我們真的很需要通過認識這樣的人來打開更大的世界——不僅僅是知道他的名字，有過一面之緣或者是有個電話號碼，而是真正地有所瞭解，看到他做的事，認識他為人處世的方式，把這些變成一種滋養，對自己的人生有所裨益。

早些年，我剛開始給雜誌寫稿時，輾轉認識了很多期刊圈頗為知名的編輯，有他們的MSN、QQ或電子信箱，建立了連繫，但這認識非常「狹窄」——我投稿，對方拒絕或者接受，多一句解釋都不會有，更不要想得到點評或者提攜。

後來，是P姐真正把我帶進了雜誌寫作圈。

我跟P姐在MSN上溝通了幾次，彼此印象很好，她開始把一些策劃稿件交給我寫，而且會傳授給我一些技巧；在我們的E-mail來往中，她還點評和指導我的短篇小說寫作，每一次都提綱挈領，直擊要害。所有這些，都讓我受益匪淺，飛速進步。

在那之前，我只能靠自己慢慢摸索，對於雜誌的寫作方式和喜好，基本上靠「猜」。但是P姐浸淫時尚雜誌多年，有深刻的理解和模式，也有很多經驗傳授給我，我積極的態度和不斷的進步也讓她覺得有成就感，久而久之兩人相互促進，合作得非常愉快。

後來，我還遇到過另外一個特別讚的編輯QQ，她是個性格直爽火辣的成都妹子，做事風格是從來不敷衍客套，而是犀利、直接，會不客氣地指出我文章的問題之處，看到我灰心喪氣也會加以鼓勵，以她特有的方式讓我更為系統地進入雜誌寫作——從撰寫採訪提綱，到提問技巧，再到寫成報導時的行文風格。

如果沒有她，我的文章大概不會有機會出現在一線大刊上，也不會有那麼多受用一生的經驗。

當你真正認識到優秀、出色的人時，你的眼界會被打開，心胸會隨之變得開闊，你會知道這個世界不僅僅是自己生活的這個小圈子，而是還有很多聰明、優秀、出色的人，還有很多有趣的事等著你去發現、去感受。

二〇一三年，我開始寫微信公眾平臺的文章，心血來潮，什麼都寫。漸漸發現有讀者喜歡，還挺自得的，當然偶爾也覺得很辛苦。

後來我認識了一個大號[5]的運營者，知道他從來沒有在晚上九點之前吃飯過，突然就覺得自己之前喊辛苦真的很矯情啊。

跟幾個做城市公眾號的朋友深入地聊了幾次之後，聽到他們說從選題策劃到具體執行再到排版一直到讀者回饋種種細節的把控，我再也不敢對自己的公眾號那麼隨意地處理了，「躺著漲粉」根本就是天方夜譚啊。

偶爾當我心浮氣躁覺得寫得用心卻得不到回應的時候，同樣寫作的朋友說起他一篇文章會再三修改，甚至一上班就開始琢磨寫什麼……噢，這時候你還有什麼好抱怨的？！

當你認識那些比你優秀、比你出色、比你努力的人時，你會明白更多從前覺得淺顯如今卻一再被證實的道理，你會不再輕易自滿，而是在「比我優秀的人還這麼努力」的激勵下，更加踏實，更加努力。

你抱著功利的態度去認識很厲害的人，抑或想通過認識足夠多的人來鋪設一條「成功之路」時，心中一定要清楚地記得：對方對你的最終認可一定是通過你的實力來判斷的，而不是你「認識」他這個理由。

我們應該打開自己看世界的雙眼，用心去感受外面的風，勇敢地去接觸小圈子之外更廣闊的世界，去嘗試做更好的人——許多時候，只有當你看到什麼是更好的，你才會激發內心對於「更好的自己」的渴望啊。

5 大號：在微信上，追蹤人數達到某一程度以上的帳號。

千萬不要去追求理智告訴你不可能得到的東西

過恰到好處的生活，擁有能力範圍之內的物質和理想，你才會慢慢放下忐忑和焦慮，理性地看待當下的生活，規劃好想要擁有的未來。

「滿足感的最大祕密在於，絕對不要去追求理智告訴你不可能得到的東西。」——我在一本小說裡看到這句話時，心裡一顫。

很多覺得自己不夠幸福、不夠如意，當然也就不夠快樂的人，恰都是因為不滿足——對生活不滿足，對感情不滿足，對物質不滿足，對一切都不滿足。總是期待擁有超過自己實際能力的物質、生活或者「理想」，是一件很危險的事情。

講真，有些你很想要的東西，可能你永遠也得不到。

比如永遠都無法實現的暗戀、超過自己承擔能力的物質，以及永遠都無法抵達的成功巔峰——儘管許多人都在心中描摹過很多遍那些天花亂墜，它們美好如天上的繁星點點，但是因為得不到，就成了執念，成了痛苦的源泉。

這種不滿足，可能會促進我們成長，也可能會令我們墮入深淵。

我認識一個女孩，「八〇後」，長相平平，學歷不高，我們認識時她已經有了男朋友——在大公司上班，工作穩定，長相帥氣。

戀愛談了兩三年，他們結婚生子，她卻覺得自己進入了不如意的人生——起初，是經濟捉襟見肘。她埋怨他賺錢太少，埋怨之後，又不顧已經負擔的房貸，買了昂貴的汽車和車位，同齡的年輕人還在赤貧階段，他們就債臺高築地過上了中產階級的生活。

接著，打算懷孕生子，她提前一年辭掉了工作，做全職太太。她說自己認識的女孩都這樣，女人又要打理家務又要出去工作太辛苦了，卻不是很在意丈夫每天早晨五點就要起床去趕班車這件事。

然後呢？孩子出生之後婆婆來幫忙照料，初心是要減輕她的負擔，卻沒想到成了雪上加霜。她嫌棄婆婆沒有錢幫襯他們，又說婆婆不懂育兒知識是個廢物，一天到晚找碴跟婆婆和丈夫吵架，半夜傳來鬼哭狼嚎時，鄰居們只能搖頭。

再然後？她換了大房子，借了很多錢，又陷入埋怨婆婆沒錢給自己的閉環。大女兒剛兩歲，小兒子就出生了，一邊抱怨丈夫賺錢太少不能給孩子買進口奶粉，一邊找仲介四處去看貴死人的學區房……

她兩片薄薄的嘴唇上下翻飛，盤算說：「一萬多一平方公尺也是划算的，畢竟以後家裡是兩個孩子上學，但是賣了現在住的這套，錢還差好多，還得借錢，公婆家又幫不上……」一邊盤算一邊痛苦，一邊打算一邊透支。

我看著她，像是看一個怪物。

她的心是個無底洞。

她總是不滿意，總是不滿足，總是不快樂。在我們認識的這些年裡，從未聽她說過開心的事情，她大概真的是那種很難得到幸福的女人吧？

哪怕是透支金錢，哪怕是靠著非理性暫時達到了自己此刻的要求，滿足了此刻的欲望，可是接下來，又會陷入新一輪痛苦中，而總有一天她的生活會被「不滿足」吞噬。

不滿足，有時候是源於對自己能力的不滿，還有時候，則是無視自己的能力範圍，失去理智，被欲望控制。

有的人當然可能會因為對當下的不滿足而奮起直追，只要有能力、肯努力，你遲早會擁有自己想要的生活；但也有的人，在「不滿足」的鼓動下，失去對人生對生活的理性控制，陷入一個怪圈中，難以自已。

過恰到好處的生活，擁有能力範圍之內的物質和理想，你才會慢慢放下忐忑和焦慮，理性地看待當下的生活，規劃好想要擁有的未來。你不用殫精竭慮，更不必如履薄冰，你知道自己有多大能力，你只要努力就好，只要堅持就好，只要奮鬥就好。

哪怕辛苦一點，麻煩一點，或者需要動腦子想辦法找一些工具來幫忙。當將它們收入囊中，那種快樂和滿足的感覺，是難以言喻的。

但你不能企圖去摘一顆星星，哪怕你再渴望，都無濟於事，這種超乎能力的欲望所帶來的除了痛苦，可能還是徹底的絕望。

「有些你很想要的東西，你可能永遠也得不到。」等你真正懂得這句話，恭喜你，你成熟了。

不要習慣與痛苦為伴

反覆訴說自己的痛苦，重複表達自己的不如意，總在不得志的那個地方徘徊，會讓你感受到十倍二十倍的痛苦，時間久了，你會把這種悲催[6]，過成你真正的人生。

一生之中，我們都會或多或少地經歷一些痛苦——遇人不淑、選擇錯誤、人生挫折、愛恨情仇……每一次，它們迎面襲來的時候，都像是人生的一次重大轉折，即便有些算不上晴天霹靂那麼嚴重，但也會讓我們心情鬱鬱，暗自神傷，甚至苦悶徘徊很久，不知該如何解脫。

類似的經歷，幾乎人人都有，為著不同的事情——升學、感情、工作、親人關係或者其他。

幸福的笑臉看起來總是相似，而痛苦的模樣卻是千姿百態。

有些時候，人們遇到痛苦、麻煩，會向人傾訴，無論從感性角度還是心理學角度，都被認為是一種很好的出口，有些人傾吐幾句內心就會釋然；但有些人卻並不適合這種方式，每一次傾訴，他們都在加重對痛苦的感受力，甚至越來越覺得自己可憐又可悲。

也因此，當這類人一而再再而三企圖向我表達他們內心的痛與傷的時候，我會勸慰幾句，表達理解，到最後我會告訴他們：「有些痛苦，不要對外人說。你該做的不是傾訴，而是要正視那些讓你痛苦的事情，不要與它們為伴，而是要戰勝它或者忘記它。沒人能幫得到你。」

沒有人真正像你一樣體會那種痛苦，哪怕再愛你的人，也沒有辦法達到。那種深切的難過和悲傷，除了你自己，任何人都無法感同身受。

哪怕我會理解，會懂得，可是到最後，我仍然無能為力。真正能夠跨過痛苦河流，能夠治癒累累傷痕的，只有你自己。

朋友曾經感慨過她姨媽的人生，那是一個「不幸女人的故事」。

姨媽小時候父親早逝，家境貧困，身為長姊她早早輟學賺錢養家，幫母親撐起家庭，帶大弟妹。成年後，她結婚生子，又幫著弟弟妹妹們成家立業，是人人都欽佩的賢慧勇敢的姊姊。

人到中年，姨媽身上的重擔逐一卸下——她的孩子長大成人，有了自己的生活；弟

6 悲催：網路流行用語，形容不順心、不如意、傷心、悔恨等意思。

弟妹妹們結婚生子，獨立門戶；母親身體健康，含飴弄孫享受晚年生活。這原本是一個苦盡甘來的 Happy Ending，但是卻畫風突轉——姨媽回望自己過去幾十年的人生，覺得異常委屈：她這些年一直在為別人付出，但他們的感恩並沒有那麼深切；她想到母親年輕時重男輕女，對自己實在涼薄，不僅更是悲從中來，漸漸竟生出恨意。

她開始喜歡向人傾訴，弟妹的不懂感恩，兒女的不知好歹，母親年輕時對自己的各種刻薄，所有那些她吃苦承擔起來的家庭責任，此刻變成了獠牙利齒，在一次次傾訴中把她的內心啃咬得傷痕累累……她不再跟老母親來往，發誓老死不相往來；四十歲之後，她成了一個不會笑的女人，永遠都是一臉戾氣；她變本加厲地干預和操控子女的人生……

沒有人願意做她的朋友或者鄰居，因為她見人就控訴自己的「不容易」，數落別人對她的不好，將所有的責任全都歸結為再也回不去的從前。時光無法穿越，於是她在一次次傾訴中把責任轉嫁到家人頭上，並且發誓不肯原諒——哪怕認識幾分鐘的陌生人，她也會輕車熟路地把話題轉移到這上面來。

她的痛苦、委屈和憤懣，是她當年吃過的苦，原本應該是苦盡甘來，盡情享受幸福後半生的時候，她卻將自己牢牢捆綁在痛苦的泥沼中，不肯抽身離開。

絮絮叨叨地跟人訴說一輩子的委屈與不得志，又有什麼用呢？

她四十歲之後的人生原本有機會幸福、如意，卻在她反芻痛苦的過程中，灰飛煙滅。

反覆訴說自己的痛苦，重複表達自己的不如意，抑或總是在自己不得志的那個地方徘徊，會讓你感受到十倍二十倍的痛苦，而且時間久了，你甚至不知道該如何去反擊、改變，只會沉溺在痛苦中，以為這就是自己悲催的人生。

我幾年前認識一個男孩，他向我講過滿心理想難以實現的鬱悶，他失眠，他痛苦，他試圖有所突破而不得。當時我鼓勵他，失敗也不要怕，多試試看嘛。

誰承想，在我們認識的幾年時間裡，每一次聊天他的話題永遠都是「我滿腹理想卻無法實現，我好痛苦，我好難過」，我卻再也不想多說一句話。

當一個人把經歷過的困難和痛苦，化成心中的怨恨與惱怒向別人傾訴，卻不真正去做點什麼以求改變的時候，真的是一種可悲的懦夫行為。

所以，有些痛苦，還是不要跟別人講了吧。

講一遍是傾訴，兩遍是傾訴，講到第三遍，不過是在陳述自己的無能，越來越看清自己有一顆多麼蒼白無力的心，是有多可悲。

久而久之，就只剩下麻木。

在艾莉絲．孟若的短篇小說《逃離》中，女主人公曾日思夜想要離開自己的丈夫，終於有一天，她在女鄰居的幫助下逃上了一輛去向遠方的大巴士，要去追求自己日思夜想的自由生活。可是中途，她下了車，又回到了丈夫身邊，回到了她從前渴望逃離的蒼白生活。

她的心中從此有了一根針，每當她走近那個暢想過自由、差一點就完美逃離的地方，就會隱隱作痛。於是，她再也不走近那個地方。

是的，如果不能離開痛苦，就只能麻木自己，習慣與它為伍。

大學剛開學軍訓時，我曾非常痛苦。許多小動作我做不到規定的水準，教官就會板著臉，拿著小棍敲在我抬得不夠高的腳踝上。疼，且有一種被羞辱的感覺。

晚上睡不好，早上又要起得很早，再加上時常被教官教訓，幾天下來我快抑鬱了，但又無計可施。除了努力做好該做的事情，我只能繼續訓練，繼續挨訓，好不容易挨到軍訓結束，才長長地舒一口氣。

很久以後，班裡一個女生對我說：「我還記得妳軍訓的時候板著小臉兒，認真得我看到就想笑！」我笑了笑，沒說話。

她永遠都不會明白，我那一份認真與投入，是在自我治癒。

因為經受過挫折和羞辱，所以每一次軍訓別人輕輕鬆鬆應對的時候，我都會打起十萬分精神來做好。我不會向別人傾訴軍訓多痛苦，教官多討厭，我需要的是把自己的事情做好。痛苦的根源被切斷之後，一切不就迎刃而解了嗎？

這是我對待痛苦的態度——要麼忘掉，要麼戰勝。

我永遠都不會和痛苦相伴，讓它和我如影隨形，成為我的「好朋友」。

我可能不是最優秀的，那又怎樣

所謂的「最優秀」，是跟別人比較得來的。哪怕我們不是最優秀的那一個，我們也可以成為最好的自己，而這，才是我們做任何一件事的最終意義。

克萊德先生回家的時候，我正坐在沙發上發呆。

午後下過一場雨，外面的天色看上去特別適合來點小憂鬱。在那之前，我在房間裡悶頭踱步了好一會兒，把杯子從各個房間收拾出來拿去洗，燒了一壺水泡茶，還給一盆花澆了水……但仍覺得心神不寧。乾脆坐下來發會兒呆。

他坐下同我聊了幾句。偶爾我這樣神情恍惚的時候，他會提議下樓去散散步，有時候就陪我說說話，等我慢慢從低沉的情緒裡走出來，又活蹦亂跳，恢復如初。

我們一起剖析我為什麼不開心這件事。

也沒有特別具體的事情，不過是陰雨天氣時容易陷入一些奇怪的情緒裡。啊，想到行業的前景灰暗，想到在做的事情沒有頭緒，想到很努力每天更新公眾號可有時候瀏覽量實在令人灰心，想到我身邊的許多朋友都變成了傳奇而我好像還一直在原地踏步……這麼說起來特別像學生時代考試後發下成績單的心情啊，明明覺得已經很努力了，結果卻依然不盡如人意。

他說：「有時候妳得承認妳不是最優秀的那一個啊。」

這句話一下子打到我心裡。

可能他只是順口說說，對我而言卻是醍醐灌頂。

我們總是表揚不服輸的人，現在想一想，不怕輸的人很偉大，而不服輸的人卻要分成兩種。

有一種可能是，不服氣，再挑戰，超越自我，有可能就真的戰勝了困難和問題，獲得了成功；而還有一種可能是，輸了也不服，再輸還不服，對問題沒有客觀的認知，屢敗屢戰，屢戰屢敗，最後也不過是把屢次的失敗當成另一種巨大的成功，那些失敗也就成了日後用來咀嚼的事蹟。這種人更多是偏執和負氣的，於事無補，也無法成就自我。

所以，不服輸未必就一定是好的，在恰當的時候，要學會認輸，承認自己的局限，接受自己不是最優秀的這個事實。

這不是膽小怯懦，也不是退步，而是一種不對自己步步緊逼的做法，是在放過自己。

從學校到職場，這些年，我和很多人一樣都在追求成為最優秀的那個人。

上大學，我是專業成績好的那個，是拿獎學金的那一撥；工作後我是積極努力的那個，是幾乎每年都能評優的那一撥。儘管工作之後大家對名次不再如學生時代那麼在意，可是我的心裡卻總是有一個標準：我必須是最優秀那一撥裡的。

如果一直在一個小圈子裡，這樣的目標對於資質還不錯又肯努力上進的人而言，是可以實現的；但問題在於，如果你一直抱著這樣的心態，當你進入一個更大的世界，有了更大的圈子，身邊是一群比你更優秀、更有天分的人時，驟然發現自己不是最強的那個，就會有巨大的落差和深深的失落。

好多東西都是相對的，此刻的優秀在另外一個環境裡可能只是平庸，而此刻的資質平平在另外一個氛圍裡，也許是耀眼奪目。

所謂的「最優秀」，是跟別人比較得來的。我可能永遠都成不了最優秀的那個，因為永遠有人比我聰明，比我有天分。

但我可以跟從前的自己比較，追逐自己一直以來的夢想，達成自己的願望，這不才是我的最終目的嗎？如果我能夠跟自己和解，那麼我就可以減少很多焦慮，省去很多麻煩，同時也不會因為周圍的人比自己優秀而變得鬱鬱寡歡甚至心急如焚。

我會給自己更多的時間和寬鬆的環境，我會允許自己慢慢來，只要比自己從前寫得好就可以啊，只要這本書比上一本書有提升就行啊，只要今天的我比昨天優秀就好啊！

真是豁然開朗啊。

跟朋友吃飯閒聊，她說我的寫作應該更有規劃，尤其是微信公眾平臺上的文章，得有行銷意識啊。

我慚愧地承認，我這麼自由散漫的人，好多時候寫文根本不考慮別人想看什麼，而是，我現在想寫什麼。因為我必須寫出我心中的困惑，我的所思所想，先為自己答疑解惑，療癒內心，才有資格和立場去考慮別人啊。

是的，現在的我就像是《孤獨小說家》裡的耕平一樣——他在讀了年輕的作家朋友寫的小說之後，一度抑鬱得很，因為他發現自己永遠寫不了那麼好。後來，他慢慢走出了抑鬱，因為無論如何寫作是他熱愛的事，是他賴以生存的技能，所以他先寫自己想寫的，寫給自己看，把自己的事情做好再說，於是仍舊慢條斯理地按照自己的步調修改稿子，撰寫小說。

當你把目標從「最優秀的人」調整為「最好的自己」時，你會給自己時間，會允許自己慢慢來，這種感覺非常好。

我們總是說，孩子你慢慢來。現在我想跟自己和你們說一句：我們也慢慢來。

哪怕我們不是最優秀的那一個，我們也可以成為最好的自己，而這，才是我們做任何一件事的最終意義。

我一個人，也很好啊

那麼靜默的時光，正合我意。讓我可以安靜地問問自己想做什麼，能做什麼，成為一個什麼樣的人……願我們都學會與自己相處，安然享受，一個人。

我不怕一個人。甚至，大多數時候覺得一個人，蠻好的。舒服，自在，慵懶，悠閒。

尤其是踏入成年人的世界之後，一個人也很好啊，可以不看別人眼色，可以我行我素，更不必配合別人的步伐，做一點自己喜歡的事情，很棒啊。

大學時，我有四分之三的時間都沒有談戀愛，除了經常一起混的好朋友，大部分時候，我就是一個人。

一個人去圖書館。挑陽光特別好的位置看書，想幾點來就幾點來，想什麼時候走就什麼時候走，一個人看書的時候覺得感覺都不一樣似的，看余華，看蘇童，看張愛玲，看殘雪，看得心有戚戚，目不轉睛，在一排排書架間覺得自己特別渺小，但是又特別自在。

我經常一個人背著包晃進網咖，聊天、看電子郵件，在電腦還不那麼普及的年代裡，這是大學生們的日常。後來我和好朋友買了臺電腦，無數個晚上，我一個人在寢室裡，對著電腦敲字，這是整個房間裡唯一的聲音。

室友們有的在教室學習準備考研究所，有的忙著談戀愛，我一個人在宿舍裡，沒覺得有什麼不妥，也從未覺得自己離群索居的狀態有什麼不好，不過是做自己喜歡的事，成不成的，管他呢。

結婚前曾有一段時間，我一個人住在租來的小房子裡。我去夜市買了一塊淺綠色的布做窗簾，給那間舊屋子增添一點跳躍的色彩；每天很認真地給自己做飯吃，學網路上的食譜做差點糊了的紅燒肉，也會做很好吃的涼菜；一個人入睡，一個人醒來，睜開眼睛回味一下昨夜的夢，再慵懶地爬起來；週末沒事去辦公室待著，上網，寫字，很興奮地跟編輯聊天，討論有什麼我能寫的東西。

那麼靜默的時光，正合我意。讓我可以安靜地問問自己會做什麼，想做什麼，能做什麼，然後慢慢地成長。

二十三歲的我，不知道自己在期待什麼，也許什麼都沒期待。生活，就是生活本身，無所謂好壞。

所謂好壞，都是我們的心情決定的。

即使戀愛結婚之後，我也常有一個人的時候。

我經常一個人看電影，有時候坐在最後一排，有時候是在中間位置。即便很悲傷的時候，我也會一個人去看電影，可以融入一個完全陌生的故事裡，假裝靈魂離開了自己，讓那些消沉痛苦的情緒，也慢慢離開。

有次碰到了很爛的片子，我小睡了一會兒，電影結束後走出電影院，覺得自己真是荒誕而有趣，忍不住笑了。心裡又充滿力量。

一個人逛街也很好啊。看到喜歡的東西就試試看，怦然心動的那一瞬，不會猶豫地問別人「你看好不好啊」，而是告訴自己：「哎呀，不錯。如果能買得起，那就買吧。」我有很多東西，都是自己逛街時候買的，買了許久依然喜歡。

我也曾一個人背著包，這裡逛逛，那裡轉轉，廈門集美、揚州老街、韓國的街頭、日本的小店……我默默地帶著一雙眼和一顆心，看啊看，走啊走。

沉靜下來的時候，覺得世界都不一樣。

我一個人也喝茶，也烤蛋糕，也安安靜靜地看書、做筆記、寫字。有時候心血來潮跑去花市，買幾束花回來，在家裡擺弄。

裝修的時候，克萊德先生很忙，於是去挑家具的，也是我一個人。在 IKEA，我慢慢走慢慢看，喜歡的就記下來，心動的就去讓工作人員幫忙打訂單。是有點辛苦，但又很享受這種感覺。

碰到好幾對吵架的男女，年齡層不同，對話頗為相似。

男人說：「妳得給意見啊！」

女人說：「我給你意見你又不聽，你問我幹什麼？」

男人說：「那我也不能自己去買啊……」

吵得厲害的也有，聲音很大，表情崩潰。

想起十多年前我們家裝修時，鄰家的一對情侶本來高高興興地裝修著婚房，到後來居然以分手告終。

他們說，裝修是最考驗感情的。

我倒是覺得，生活才是最考驗感情的。愛情這件美好而不可理喻的小事，在生活面前，像是易碎的珍貴物品，若是沒有人妥協，沒有人寬容，沒有人讓步，沒有人低頭……那就只能硬生生地砸碎在地面上，因為沒有人伸手去接。

伸手去接的那個人，大概愛得更深一些吧？

若是兩個人都伸手去接，啊，那多幸福呢。

單身的時候，我們不得不一個人。

戀愛結婚之後，我們卻不再習慣一個人，甚至，懼怕一個人。

與自己相處，是很重要的事。

這樣的時間，會讓你的心沉靜，讓你的眼睛更明亮，讓你能夠認真地思考，深入地去想：我到底是個什麼樣的人？我想要成為什麼樣的自己？

兩個人固然好。**一個人的時光，也很重要**。

願我們都學會與自己相處，安然享受，一個人。

這世界，只在乎妳美不美

不為了給別人看，只為了在每一個平淡的日子裡，清晰而自信地感受到自己，堅強而勇敢地朝著艱難的時光微笑。

「這個世界不在乎妳真實的一面，它只在乎妳美不美。」在女性朋友的文章中看到這句話，想一想，嘖嘖，還真是有道理呢。

儘管素面朝天是許多人的愛好，但妝容精緻、氣質優雅的女生到哪裡都令人多看一眼也是事實。大肆流行的「素顏妝」也並不真的就是一張蒼白的面孔示人，而是更為低調、清淡地修飾自己而已。

曾經一度，我自認為很崇尚「真實自然的狀態」，去參加各種媒體發布會，同行的女記者們穿好看的小黑裙，畫一絲不苟的妝容，我卻隨心所欲地那天上班穿什麼就以什麼樣的狀態出席場合，內心的潛臺詞是「反正我是去工作的，反正我是去上班的，反正我是去談事情的……」，總覺得沒有必要打扮自己。

促使我的想法發生變化的，是一次訪問。

彼時，採訪一個女演員，其中一個環節聊到平時的化妝與保養。她說拍戲的時候化妝太多很傷皮膚，所以不工作的日子若是不需要化妝她大都素面朝天，緊接著她又加了一句：「如果需要出門的話，逛街或者見好朋友，也一定要塗一下口紅描一下眼線，這樣顯得人有神采，看上去狀態好很多！」

那之後，我的包包裡隨時帶一支口紅，也真的發現，哪怕只是在嘴唇上點綴一下色彩，整個人也都會跳躍一些。

在日本旅行時，無論是街邊小店裡的老太太，還是無印良品裡帶著女兒挑選文具的年輕媽媽，或者是走在路上的ＯＬ，不同年齡層、不同職業的女性全都打扮得一絲不苟，精緻得體，實在是令自詡為「女漢子」的我汗顏啊。

我真的為那種從容優雅的姿態所傾倒了。我堅信，那種一絲不苟對待自己的態度，會讓生活變得更明媚、更有趣。

回國之後，我暗自發誓要堅持一件事情——哪怕在平凡、匆忙甚至黯淡的日子裡，我也要畫一點妝。

想想看，一年之中，大概只有不超過十天是我們所認為的「大日子」，見非常重要的人物，談特別重要的合作，參加一次關係非常的聚會，抑或需要站在聚光燈下示人，必須要光彩四射。

這樣的時候，化妝是一種表演，是讓別人看到「我可以這樣」的自我推銷，這是必須的。

而在那些不是那麼重要的日子裡，我們應該給自己畫一點「必須」的妝，讓我們的生活別致，得到一點撫慰，一點營養，一點趣味。

我們大部分人的生活中，日復一日的是平淡日常，上班下班，吃飯睡覺，見到的多是熟悉的親友同事，許多人我們不會徹夜長談，也不會有心靈交流，而他們看到我們甚至判斷我們的，就是我們所表現出來的樣子，妳是美的自信的陽光的，他們對待妳的態度自然也不一樣，沒有人會願意靠近一個慵懶的邋遢的抑鬱的人，無論對方有多愛妳，總有一天會疏離。

而那些痛苦的日子，工作上遇到難題，生活裡遇到挫折，抑或感情上遇到了問題，哪怕再痛苦輾轉恨不得沉入谷底，也要記得，為自己畫一點妝，讓自己看上去不是要被痛苦擊潰，而是能夠笑著面對苦難。

在一部美劇中，律師提醒愁眉苦臉的代理人要打扮一下自己，「困難的時候，表面工作更重要。」

有時候，透過精神面貌、穿衣打扮、髮型妝容所傳達出來的資訊，可能超乎想像。而其中的精神暗示，大概也是妳之前尚未注意到的。

徹夜失眠的清晨，掙扎著爬起來，咬緊牙關不放棄這一天向好的努力，妳好好洗臉，給因為心情不佳而略顯暗淡的皮膚輕輕地拍一層化妝水，用喜歡的乳液輕輕地按摩皮膚，然後塗一層隔離霜，選顏色燦爛的那一支口紅，輕輕地塗滿嘴唇……妳記得，對著鏡子笑一笑，妳的嘴角上揚，妳的嘴唇那麼好看，像是在給妳加油鼓勁：「嗨，有什麼大不了，一切都會過去！」

不過十分鐘，妳容光煥發，看上去不再那麼憂愁，不再那麼悲傷。

當然，妳心裡的悲傷並沒有立刻消失，可是妳知道自己有勇氣面對，妳一定可以熬過去，熬到重新燦爛的時刻。

在匆匆忙忙的日子裡，我們的確需要更加莊重而認真地對待自己。

尤其是女性，有太多事情要操心要奔忙，要上班、要顧家、要洗衣做飯打理家務、要照顧老公看管孩子……大多數職業女性多少還能得到丈夫的理解互相分擔一下家務，而全職太太們做再多都被認為是「理所當然」，所以她們更忙更累卻更容易失去自我……給自己留一點時間吧，喝一杯茶，讀一本書，畫一點淡妝。

不為了給別人看，只為了在每一個平淡的日子裡，清晰而自信地感受到自己，堅強而勇敢地朝著艱難的時光微笑。

這是在為心情化妝。是最美的妝容。

這世界不在乎妳經歷過哪些痛苦，有過怎樣的悲傷，它只在乎，妳是不是美的。一個能夠在最艱難的日子裡仍然以美示人的人，是勇敢而有力量的，終將獲得幸福。

不要做痛苦的乖孩子

成年之後還在做乖孩子的大多數人，都生活在自己並不喜歡的狀態裡。而一個真正的成人，要懂是非有擔當，有能力堅持自己的選擇，而不是活在別人的期待裡。

幾乎每個人的成長中，都有一個「恨之入骨」的人，那就是——別人家的孩子。

我的小時候，「別人家的孩子」是爸爸同事的女兒，比我大一歲，據說聰明好學，乖巧聽話，在我長達十多年的成長過程中，這個未曾謀面的女孩一直是我的「影子榜樣」——她這次考試又是全鎮第一，她進了特別好的高中，她考了很好的大學，她……大概一直到我畢業幾年之後，我還能聽到關於這個女孩的隻言片語，她找了一份特別好的工作，賺很多錢。

當然，伴隨著這些資訊而來的，還有父親那無聲的「嘖嘖」豔羨，真是令人抓狂啊，言外之意當然就是：如果妳是這樣的乖孩子該有多好啊！

幸運的是，我還是沒有成為一個乖孩子，而是成了我喜歡的自己。

我上學的時候叛逆，高考[7]的時候選自己喜歡的專業，讀大學時去找自己喜歡的實習機會，畢業之後哪怕薪水微薄也堅持做自己喜歡的工作……

到後來，父親再也不跟我念叨那個女孩了，大概他已經接受了我很喜歡自己的狀態這件事，而我倒是偶爾會想：那個我從未謀面卻「陪伴」我多年的女孩，她過得好嗎？

我們周圍一點都不缺少「痛苦的乖孩子」，我的朋友小陸，是其中之一。

有段時間，他為了要買房子的事情愁眉不展，因為錢不夠，而他不想花父母的錢，這背後有很長的故事。

小陸從小就勤奮學習，認真上進，父母做生意供他和哥哥讀書，他知道父母很辛苦，格外聽話，是個非常典型的乖孩子。

讀本科時，他曾有過一份很喜歡的實習工作，但父母說「你應該讀研深造」，他就去複習考研了；研究所畢業前，父母說「你應該考公務員，穩定」，於是他放棄原本要考博士班的想法，考了公務員，進了人人都羨慕的公職。

人人都羨慕他的父母有一個聽話出色的兒子，但是他身在其中卻非常痛苦。儘管他看上去年輕，工作好，薪水高，別人都說他是「黃金單身漢」，他卻總是對自己不滿意。

7 高考：中國大陸的普通高等學校招生全國統一考試。

他不喜歡目前的這份工作，有一種被禁錮在體制中的感覺，可是怕父母失望又不敢辭職。他覺得自己每天都像行屍走肉一般毫無激情，戀愛都懶得談。

因為不知道該怎麼對待彆扭的自己，他決定像大部分人一樣，買間房子，否則畢業幾年愛情沒有房子沒有什麼都沒有，看上去也太失敗了吧？

但是他的存款要付首付有點困難，父母主動提出給他一些幫助，他又非常不想接受。而他從未說出口的是，一旦用了他們的錢，以後更沒有機會脫離他們的期望，他可能在有生之年，都要禁錮在這個外人看來是金飯碗他卻厭惡得每天都不想去上班的地方。

我問小陸：「你有沒有想過，也許真正阻擋你的不是父母的期望和壓力，而是你乖孩子做太久了，失去了自己的判斷和勇氣，所以才不敢走出那一步？」

他沒有回答。

曾有一次半夜時分，我收到一個女孩發來的訊息。

二十五歲的西北姑娘，獨自到這座城市來打拚。父母希望她能回故鄉的小城，找一份安定的工作，嫁人生子，但她不想過這樣的生活，所以倔強地留了下來。

但生活畢竟不是勵志小說，獨立而勇敢的女孩也未必就能一帆風順地事業成功、感情圓滿，給我發訊息來時，她的創業遭遇失敗，內心非常苦悶。她最心心念念的是：「我覺得很愧對父母，不知道過年回家怎麼跟他們交代！我從小很聽他們的話，但是這次我執意這麼做卻又不順利……」她覺得很難過，因為她很不喜歡現在的自己。

講真的，我並不覺得一個成年人事業不順、感情失敗，就一定需要給父母一個交代，若是有必要就告訴他們一個結果，若是覺得會給他們帶來壓力那就一聲不吭好了，獨自承擔壓力和責任不正是一個成年人該做的事情嗎？

「我怎麼跟父母交代」以及「這件事沒做好我對不起我父母」的想法，純粹是童年時期做乖孩子的慣性思維，早就該及時切割了。

成年之後還在做乖孩子的大多數人，都生活在自己並不喜歡的狀態裡，他們看上去神情相似狀態相仿，面帶焦慮心情鬱結。他們不太喜歡眼前自己擁有的那些——工作、生活、交際圈，因為其中有很大一部分並不是他們的本意，是父母認為他們應該如此，他們非常厭惡這些，卻又逃脫不開。

他們很討厭自己維繫的假象，進而討厭自己。

有個朋友的婚姻生活很不幸福，打算離婚的念頭升騰了好幾年，但每一次都因為父母的反對而不得已「打消念頭，維繫家庭」，可是他越來越不快樂，越來越鬱鬱寡歡，直到罹患抑鬱症，父母才知道事情的嚴重性，幫助他把離婚的種種都談妥，而他卻對這件事甚至對生活都失去了熱情。

認真問問自己：我到底是要成為一個自己喜歡的人，還是要成為滿足父母需求的乖孩子？萬一父母想要的和我所期望的不一致，又該怎麼辦？

如果我們要成為一個自己喜歡的人，那麼就要懂是非有擔當，要堅持自己的選擇，知道自己的喜好，而不是人云亦云，任由父母甚至世界改變自己的初衷。

無論何時，遭遇什麼樣的挫折，遇到什麼樣的痛苦，你真正需要面對的，不是對父母的愧疚，而是如何給自己一個交代。你沒有達成你想要的樣子，你沒有成為自己喜歡的人，接下來該通過什麼樣的努力、什麼樣的行動去達成願望？

父母可能會用世俗的價值觀來要求和約束你，可是，歸根結柢，他們在意的，仍然是你過得好不好。如果讓父母在痛苦的乖孩子和幸福的你自己之間做出選擇，大部分真正愛孩子的父母會選擇後者吧。

只要你能過得好，過得幸福，慢慢變成你自己喜歡的人，你會發現，你的父母也在變。他們對你的期待，不過是希望你更好、更幸福、更快樂。

你能掌握的不僅僅是體重，還有命運

為什麼我們如此在意自己是胖還是瘦？也許，我們在意的不僅僅是別人看到的自己的樣子，更在意的是，我們所希望自己達到的狀態。

你連體重都控制不了，又怎麼能夠掌控人生？！

每次看到這樣的話，我的心裡都會不自覺地打個激靈：啊，對啊！——當然，之後是否能夠堅持減肥瘦身，就另當別論了。

生活不是一瞬間的激動就會過去的，而是日復一日的肥皂劇。減肥，更是。

早年做記者四處採訪時，發現藝人們有一個共同的特性：瘦，很瘦，非常瘦，出奇的瘦。尤其是女明星。

入行不久，有個女演員過來宣傳電視劇，我們約了訪問，見面之後，經紀人說，正好到飯點了一起吃飯吧，就在他們入住的飯店餐廳裡，吃了頓飯。

桌子上是幾個對我而言已經極度清淡的菜式，女演員只吃了三五口，而且每次放一點東西到嘴裡，她就忍不住感慨說：「哎呀，我已經很胖了，不能吃了！」

我看著這個坐在我對面的女孩，臉小得只有一點點，身材玲瓏纖細，卻發出那麼荒誕的感慨，我只能心下感嘆「明星這個行業果然不是常人能待的」。

為什麼我們如此在意自己是胖還是瘦？

也許，我們在意的不僅僅是別人看到的自己的樣子，更在意的是，我們所希望自己達到的狀態。

十幾歲時，我是個圓滾滾的胖女孩，胃口還特別好，尤其是高中時，體重達到了巔峰。每到月末假期回家時，我媽總是會說我：「又胖了，又胖了！」

我對此卻不以為意。

當時的主要任務是好好學習，把成績搞上去。雖然也懵懂地知道愛美，但對體重、身材真的沒那麼當回事。上一秒覺得我應該少吃點啊，下一秒就被學生餐廳的大饅頭征服了，立刻開吃！

最重要的是，當時的自己，從未因為胖而產生過自卑——很努力地學習，有很要好的朋友，有偷偷喜歡的男生，也被別人偷偷地喜歡，偶爾多愁善感憂傷煩惱，但是大部分時間都覺得「我很好啊」，根本沒有時間和心情去煩惱體重。

這樣的心態，進入大學之後，一下子就傾覆了。

彼時，從一個小地方的高中，進入了一個更大的世界，周圍有許多優秀的同齡人，有的才華橫溢，有的貌美如花，他們比我身高體瘦懂時尚，比我學富五車懂得多，總之，身處他們中間，即便我表面看上去波瀾不驚，內心卻已經醞釀出了各種自卑的情緒，並且靜靜地開始蔓延。

在這種情況下，我突然改變了之前的想法，對體重有了執念。我覺得自己特別胖，胖到無可救藥不忍直視；我覺得自己穿什麼衣服都不好看，每次去逛街都想買尺寸更小的衣服讓自己看上去很窈窕而最後總是自取其辱；我甚至相信什麼「蘋果減肥法」，堅持了兩天不吃飯只吃蘋果，一直到第三天因為虛弱感冒才不得不中止。

那些瘋狂而無聊的做法，一直持續了一兩年，伴隨著我漸漸開始忙於寫稿、實習、戀愛，才塵埃落定，懶得理會。

長大後，再去審視彼時的自己，漸漸覺得，最根本的問題是：不接受自己。我認為自己不夠出色，對自己不滿意卻又不知如何扭轉乾坤，看著周圍的人優秀傑出卻又不知道自己該如何突破……最終，抓住「體重」大做文章，彷彿瘦下來，一切就都會有所改觀。

瘦下來就能改變命運，如今是許多女孩的信條。

但瘦下來，真的不是改變命運的稻草。真正要緊的，是改變心態，接受自己，獲得自信，願意去達到更好的狀態，才能改變命運。

只要不胖得令自己厭惡，就沒有關係。做喜歡的事，過喜歡的生活，吃喜歡的東西，當你喜歡你生活大部分的時候，當你能接受自己的不夠完美時，你好像大部分時候會忘記「上秤」。

我的朋友小童，事業成功，生活幸福，光彩熠熠，自信美好，她在時尚女孩的眼裡是有點胖的，但她一點都不在意，更何況又懂時尚、會穿衣，走到哪裡都令人眼前一亮，狀態好得飛起。

鮮為人知的是，小童曾是個自卑的胖子——工作成績平平，不愛穿衣打扮，甚至常常看上去挺邋遢的，尤其是在經歷過一次失敗的婚姻之後，這種狀況變本加厲，面色暗沉得讓看到她的人都會為她擔心，總之她曾是一個人人都恨不得敬而遠之的「憂傷的胖子」。

她決定要改變自己。不知是什麼事觸動了她，總之她決心要改變那種悲慘的狀態，開始做喜歡的事情，很拚命地工作，獲得了成績，得到了認可。她慢慢有了自信，心裡有了光，開始研究時尚，通過健身減了不少體重……她成了一個連自己都很喜歡的微胖女人。

要麼瘦下來，要麼接受你自己，做一個真正發自內心快樂的人。

其實我們每個人都可以。

無論你站在體重機上看到的數字是多少，都不重要，重要的是，接下來你要做的改變與面對的人生。

精神獨立的女人最富有

有許多單身女性的獨立，是因為「不得不」。而踏入婚姻後，與另外一個人保持親密關係的同時，還能保持獨立，才是真正的了不起。

網站的社會新聞裡，報導民政局工作人員上午為一對夫妻辦理了離婚，下午又見證了幾個小時前剛離婚的男人帶著女友來領結婚證。走在路上聽到幾個老太太嘖嘖感慨說：「那男的剛跟老婆離婚，轉頭就帶著另外一個去領結婚證，這女的拉扯孩子可怎麼過啊？」——異曲同工的故事經常發生，而老人們唏噓的是，這個「被離婚」的前妻日後的悲慘人生，該如何度過。

從前的婚姻，有傳統的家庭觀念、傳統的文化道德約束，即便搖搖欲墜，也大都勉力維繫著。而這幾年，許多稍微出點紕漏的婚姻會迅速瓦解，婚姻中的變數成倍擴大，離婚成本——尤其是如果男人打算結束一段婚姻的話，那麼要付出的成本也並不是很高。更不要提，許多人開始風行「解放、自由」，讓他們理直氣壯地衝擊已有的婚姻，進而追求「幸福人生」，那架勢就好像之前結婚時有人把刀子架在脖子上逼他似的。

婚姻自由無可厚非，只是在這觀念衝突、文化迭代的社會背景下，追求自由的男人背後，是越來越多的「絕望主婦」。就像是美劇《慾望師奶》中嫁給富商的美女模特兒Gabby，她的一切精神與物質都依附於丈夫，似是籠子裡被豢養的金絲雀，物質豐滿，精神骨感，雖然沒什麼好抱怨，但遇到風吹草動才發現，從前的幸福只不過是欲望的滿足。丈夫對她各種控制，生病之後更是變本加厲，曾一度令她崩潰。

年輕的女孩們在社交媒體上大呼「女性獨立」，也有許多人付諸實踐，遺憾的是，對於凡夫俗子尤其是尋常百姓家的普通女性而言，女性獨立這些，仍然是天上的雲、水中的月，遙不可及。

即便是如今經濟能獨立的女性越來越多，但精神上難以獨立的女人仍比比皆是。結果就是，她即便有錢養得活自己，也仍然會覺得寸步難行。

整個社會環境亦是如此，只要聽說哪個女人離了婚——無論出於何種原因，但凡「離婚女人」的標籤被貼到身上，立刻就能引來側目與同情。可悲的是，當事人也大都很配合地散發出一股幽幽怨怨的怨婦氣，否則，人們會覺得不正常。

離婚已經不是什麼新鮮事，新鮮的反而是那些在婚姻變故中獨立而勇敢的女性。

女孩阿飛二十四歲結婚，二十五歲懷孕，二十六歲離婚。短短三年時間，幾乎脫胎換骨，人生完成了一次大反轉。

戀愛時兩人也算情投意合，結婚時也是慎重考慮，只是她沒料到自己會遇人不淑，戀愛兩年都未發現那個男人的惡趣味，懷孕後才發現他居然同時跟好幾個KTV女孩保持親密關係。

悲痛與震怒之下，阿飛決定離婚。儘管她知道以後的人生會變得更艱難，儘管以後帶著孩子生活會有各種曲折，但是她寧願如此。

原本是要平靜地協議離婚，卻遭到男人的胡攪蠻纏，於是阿飛就起訴離婚，她爭取到了孩子的撫養權和大部分的共同財產，從此成為一個獨立勇敢的單親媽媽。

被情所傷，遭愛背叛，心中的幸福理想當然會崩塌到令人悲慟欲絕。但值得欽佩的是，阿飛從未沉浸在「我怎麼這麼命苦，上天為什麼要這麼對我」的自憐自艾中，而是奮起反擊生活給自己的這一段狗血劇情。

她有工作，有收入，有強大的精神和勇氣，更何況還有父母的支撐，朋友的關懷，雖然日子不像從前那麼簡單，但也沒到悲觀絕望的地步。

離婚兩年之後，她再婚了。遇到了一個好男人，愛她，也愛她的孩子。

我真的非常欽佩她這樣的女孩。

內心的傷口當然不可能立即癒合，也許在夜深人靜的時候，還是會汩汩流血；也許突然會觸景生情，心頭一酸，想要流淚……這些，幾近必然，但一定會過去。

而她們最值得欽佩與讚揚的，是獨立。人格獨立，財務獨立，內心獨立，這才是真正的精神獨立，是獨立女性。

當她們愛一個人的時候，她們會全然地信任與投入；而當生活成為一齣狗血劇時，她們也有勇氣、有能力與不好的過去切割，繼續生活，更好地生活。

她們獨立到能夠給自己安全感，而不是依附於別人。

這幾年「女性獨立」的呼聲頗高。單身女孩們，喜歡宣稱自己很獨立，因為自己賺錢，不跟父母伸手，不向生活低頭，當然是值得肯定的。

但是有許多「獨立女孩」，在戀愛、結婚之後，搖身一變，成了家庭生活的附庸，時間精力全都雙手奉給了丈夫、子女與家庭。

慢慢地，年華老去，獨立女孩不知不覺中成了絕望主婦，若再遇到一點狗血劇情，也只有拚了命地折騰，因為身家性命都拴在了男人身上，沒有他就沒法活，沒有他就沒生活，完全不記得，還曾有過對著鏡子裡的自己莞爾一笑的美好時光。

涼薄的故事聽說過很多，無情的男人，絕望的女人，總是層出不窮，占據著電視報紙的社會版面，漸漸地，居然都不再心驚肉跳。以前聽說男人背叛了婚姻與家庭，大多數人會發自內心地鄙夷甚至咒罵負心的男人；漸漸地，也會覺得，女人們充當那些可憐又可悲的角色，也挺不堪吧。

我認識一對中年夫妻，男人事業恢宏發達，神采奕奕；女人相夫教子，忙完工作忙家庭，忙得團團轉，做男人的賢內助。堪稱是完美的三口之家。

然後，她聽說男人在外面有人了。

她旁敲側擊，軟磨硬泡，威逼利誘，他拒不承認；她去找別人求證，他的朋友、同事甚至主管，她全都去問過，刨根問底，人人都唯恐避之不及……日子就像是一部枯燥而漫長的肥皂劇，她一面上班、照顧孩子，一面又像是福爾摩斯一樣地盤查他，盯緊他。

她心中何嘗不是心知肚明呢？

她不過是在用這種方式來麻木自己，混淆現實而已啊。她是在虛張聲勢。私下裡她哭訴說：只要那個女人不找上門來，只要親朋好友沒有「承認」這件事，她就可以假裝這件事並沒有真正發生。

拖了三五年也沒有離婚，丈夫很少回家，她帶著女兒，成了祥林嫂[8]，見了人就眼淚汪汪，欲言又止。瞭解內情的人勸她：「何苦呢，不行就離婚吧。」她給出了無數絕望的妻子給出的答案：「拖死他。」

這又何嘗不是在為難自己？

到底什麼樣的女性，算是獨立的？

不但能夠自己賺錢，能夠養活自己，更重要的是精神獨立，在精神上不依附於任何人，不把自己的生活、理想、喜怒哀樂建築在他人或者家庭之上。

有一個幸福的家庭，對女人而言，當然是成就感和幸福感爆棚的，也能夠讓她們更自如地綻放。而同樣重要的是，有自己的生活。自己的思想、自己的時間、自己的空間——一個獨立的精神世界，能夠安放下女人自己的歡喜悲傷、興趣愛好，還有那些天馬行空的暢想。

這跟別人無關，只跟自己有關。

聽聞我這種論調的女性朋友，撇著嘴說：「說起來簡單做起來難啊，我倒是想獨立，如果沒結婚沒孩子，我當然能想幹麼就幹麼，我也可以獨立啊。」

但親愛的，妳知道嗎，女人未必非要單身才能獨立。

有許多單身女性的獨立，是因為「不得不」。而踏入婚姻後，與另外一個人保持親密關係的同時，還能保持獨立，才是真正的了不起。

婚姻中的女人，照樣可以不失去自我，可以美好獨立——她有自己的社交圈，有除了家庭之外的朋友圈子；她可以拖家帶口去親子遊，也能挽著好朋友的手閨蜜遊，甚至一個人說走就走；她能夠料理一家人的晚餐，也能夠享受偶爾獨自吃飯的樂趣；她信任和支持另一半的工作，但也不會放任自己做一個「職場廢物」，她積極、努力、上進，不會輕易放棄自己職業女性的標籤。

8 祥林嫂：根據魯迅的小說《祝福》所改編的越劇現代戲。講述被稱為「祥林嫂」的女性在舊中國封建制度下的不幸悲慘故事。

她是母親，是妻子，更是自己。
有獨立的能力，比什麼都重要。

時光是最好的濾鏡

時間幫我們更好地看清一切，看清來時路，也看清要去的方向，它會一點一點地把我們打磨成想要成為的那個人，而前提是，我們從未放棄過這種努力。

整理電腦時，無意中發現有個資料夾裡，存放著許多年前記錄下的隻言片語，大都是某些時刻的心情，一些瑣事。

喜歡寫文的人大都有一種「病」，比如我，總是習慣性地把某些自認為重要的時刻記錄下來——小學四年級之後，我幾乎每天晚上都趴在床頭寫日記；大學時期寫了好幾年的部落格，零零碎碎地記錄著青春的喜怒哀樂；懷孕後，在電腦裡整整齊齊地寫著每個月的懷孕日記，後來變成了「育兒記錄」……總之，這些都是時光的剪影，記載著當時的我的心情色彩、人生起伏和生活變遷。

我隨意打開幾個檔案，是剛懷孕那段時間寫下的，當時我算是處於人生的一個重大轉折時刻，百感交集，情緒繁複。所以那些文字記錄下的各種瑣事頭疼腦熱，透露出的是心中的不安與惶恐、家人的反應，以及我對家人反應的內心反應。

那些早已塵封的陳年舊事，在這文字的提醒下重新浮現在我腦中，就如同發生在昨天一般，那麼清晰，連細節我都可以憶起——我是如何在無意間發現自己懷孕並且開始墜入忐忑不安的，如何在電話裡假裝很隨意地告訴正在外地出差的克萊德先生的，是怎樣不滿他當時電話裡的驚慌失措的；是帶著怎樣驚喜又驚嚇的心情低聲告訴婆婆的，又是怎樣情緒複雜地在心中埋怨她居然沒給我打一個電話的……我在記錄中，看到多年前的自己，往事歷歷在目，但心情卻早已迥然。

關閉檔案，我有一種強烈的感受湧上心頭：原來，時光才是最好的濾鏡啊。

多有趣，當時發生的那些小事情、小挫折甚至小衝突，事情本身我並沒有忘記，甚至記得非常清楚，但是，在這些事情發生時我所有的那些情緒、不快和複雜感受，卻早已經忘得一乾二淨，即便再記起那些事，甚至再回想起當時的情形，心中也不再有任何漣漪。

令我記憶深刻的，是克萊德先生在我懷孕期間的悉心照料，是公婆動輒就送來一大堆食物和補品，是一到週末家人就陪我去公園散步，是被愛包圍的感覺。

就像是有一種魔法，讓我堅信我自己非常幸運。

現在想一想，這種魔法大概就是，時間。

是時間，過濾掉了那些如浮萍般的情緒，它是我們對某件事生發的觀點、看法甚至是偏見，它無足輕重，但有時候會在某個瞬間攫取我們的注意力，支配我們的行動，甚至蒙蔽我們的眼睛。

而時過境遷，時間識破了它的真相，將它過濾殆盡，而將生命中那些真正有意義的東西留存下來，比如愛，比如溫暖，比如關懷。

所以，我才會覺得自己那麼幸福啊。

拍照的時候，我們已經習慣性地打開相機裡的「濾鏡」功能，它可以把我們皮膚上的那些暗沉甚至斑點全都濾去，讓我們變得更加通透，更加漂亮，而時間，何嘗不是樂觀人類的人生濾鏡啊？

它過濾掉了我們那些膚淺而無趣的情緒，一天一天，水落石出，讓我們在光陰荏苒之後，遇見生活的本質，體會到愛的暖意。

如果能夠早一點參透這個道理，是不是我們的生活就會更容易一點？從一開始，就學著放下情緒去看待人或事，去為人處世，去打拚夢想創造未來，一切會不會更好一點？

不要看到挫折就畏懼，不要碰到困難就痛苦，不要輕易屈服於那些令人抑鬱的情緒中，也不要被情緒點燃怒火，失去了理性和判斷。

我們永遠不知道明天會發生什麼，遇到什麼人，遭遇什麼事，不知道身邊的戀人是否會突然說一句很傷人的話，也不知道合作了很久的同事是否會驟然翻臉不再配合自己的工作。

但要堅信的是，無論發生什麼，我都會堅定地走下去，我有自己的目標，有自己前進的方向。

戀人哪怕出口傷人，也可能因為他當時心情不好，有點急躁，只要確信愛的存在，那就沒有必要針鋒相對甚至持久冷戰；同事可能有了自己的目標和方向，不再並肩作戰也不等於就是背叛，不過是人各有志，我只要知道自己要去向何方，其他就不是那麼重要了，不過是遇到問題解決問題，僅此而已。

只要不停地前行，堅持、隱忍、努力、跋涉，就真的會有所收穫，得償所願。這其間所遭遇的所有不安、挫敗、傷感，乃至痛苦，有一天都會變得無足輕重。

有人說，時間終將給你想要的一切。到現在我也不相信這句話。

我相信的是：我們終將給自己想要的一切，我們心中的熱望會敦促我們不放棄，不停歇，直到追上那個最好的自己。

時間？

時間不過是一種濾鏡。它幫我們更好地看清一切，讓我們看清來時路，也能夠看清要去的方向，它會一點一點地把我們打磨成我們想要成為的那個人，而前提是，我們從未放棄過這種努力。

不要因為別人的目光，而誤解了自己

原來對自己的誤解，是從別人的眼光裡來的。你表現出來的樣子，會影響到別人對你的評價，這才是最有趣的部分。

偶然翻出了一張十幾年前的舊照片。

彼時剛上大學，爬山時和好朋友小慧一起拍了張合照。穿的毛衣我還認得，那項鍊我也認得，樣子當然也認得——但怎麼跟記憶中的自己，不一樣呢？

我大學時期，曾經為自己「很胖」而苦惱過很久，在一眾窈窕美麗的女同學中自卑得很，試過吃蘋果減肥的方法（不吃飯只吃蘋果），餓了兩天因為差點感冒而放棄了。總之，記憶裡，我的大學時期諸多關鍵字裡，有一個就是：胖。

奇怪的是，如今再看當時的照片卻疑惑地想：「哪裡胖啊？蠻勻稱的，最多算是微微胖而已啊。」這記憶和現實的偏差，到底是從哪裡來的呢？

許多從前認識的人經年不見，再遇到我大都感慨說：「哎呀，你從前是個小胖妮兒！」而當年跟我形影不離的朋友小慧，也的確是比我高、比我瘦，走在一起，我自然就是胖的那一個。

原來對自己的誤解，是從別人的眼光裡來的。

別人說我胖，或者偶爾評論兩句，久而久之我就信以為真，甚至誇大事實，認為自己胖得不可收拾，成了心事，甚至曾經鬱鬱寡歡和自卑了很久呢。

我高中時，更胖一些，體重比大學時重不少。

但當時我滿不在乎。十六七歲，特別叛逆，特立獨行，眼裡只有喜歡的事，和好好讀書考大學，其他任何事情都不那麼重要。

所以，高中時候的照片裡，我臉圓得像饅頭，還統統笑得沒心沒肺，也不記得那時候為這件事苦惱過，所以也沒怎麼感受到別人的眼光和評價，就那麼兀自胖著，是個自信而明媚的小胖子。

當時的我對自己瞭若指掌，知道自己的心思在哪裡，要做什麼，要去向更好的地方，所以那些旁枝末節，那些無關緊要的事情，全都影響不到我。

我就一門心思做好自己想做的事：天未亮的清晨去教室裡晨讀，深夜裡打著手電筒在被窩裡作題，課餘時間找老師補習數學……

後來上了大學，反而比在高中時候迷茫、徬徨了，時間多了，空間大了，但目標卻一下子散了，不知道該把自己的時間精力和心思放在哪裡。

有個女孩給我發消息說，她正在參加實習，幾個月了，可是內心卻越來越煩惱，甚至痛苦。

她和兩個女同學一起去實習單位，那兩個女生住在一間寢室，她單獨住一間，所以跟她們關係沒那麼親密，看她們同進同出羨慕又孤獨。她有點內向，不善言辭，而她們開朗活潑，很受實習老師喜愛；她們總是能夠得到更好的差事，而她的都差一些，甚至其他人對待她們的態度也截然不同，天差地別——至少她是這樣認為的。

她當然想做好，很努力、很認真，可總是收效甚微，女同學跟自己還是沒有那麼親近，實習老師對自己還是冷若冰霜，得不到好的機會，無法表現自己，以後何去何從更加渺茫……想到這些，她就痛恨自己不夠優秀，不夠出色，若是能像她們一樣開朗活潑受人歡迎，該多好！

我想到了十幾年前那個為「我好胖」而痛苦的自己。我可以想像得到，她有時候甚至會痛恨自己，覺得自己太窩囊，太差勁，太不合群。

但是，她看到的這個自己並不是她真實的樣子，而是她透過一些她認為的事情或者別人的目光、態度、舉止折射的一個「她」，至少不是全面的她。

做為一個旁觀者，我能夠看到她的勤懇、努力和認真，她想要做得更好啊。

歸根結柢，是她對自己產生了深深的誤解——因為實習期間沒有非常親密的朋友，就認為自己不合群；因為實習老師沒有熱情相待，就認為自己不受歡迎；因為同學做事漂亮，就認定自己笨手笨腳……這不是自尋煩惱又是什麼？

重要的不是別人如何評價、看待自己，而是我做得怎麼樣，我要如何做，我要怎麼辦？重要的是我。

給自己一些正面的看法，把那些誤解都打開。

單獨住一個寢室，不過是因為條件限制進行的安排而已，如果是我的話一定會歡天喜地，因為有更多個人空間，自由自在又不會打擾別人多好啊；適合做親密朋友的人並不一定要時時刻刻黏在一起，做朋友也要講究緣分，這並不代表不合群，要尊重自己的性情；實習老師也有自己的偏愛，做好交代給自己的事情就行了，何必非得強求別人對妳笑臉相迎呢？

有時間去煩惱別人的評價和眼光，不如先讓自己變得更強大、更好一點。

別人說我胖的時候，我大概總是在心裡默默增加體重，到最後覺得自己非常胖；老師說你怎麼這麼笨啊，漸漸很多人就覺得自己是真的不開竅，是不是我天生就笨呢；父母說你這份工作是肯定不行的，你註定是會失敗的，於是你就真的在心裡敲鼓，可能真的不行吧；同事說每次我們聚餐你都不來，有人說你怪怪的，本來很注重個人空間和時間的人，久而久之就擔心自己怪怪的……

想想看，我們生活中這樣的場景，何止一次兩次三四次呢？

我們在別人的評價和眼光裡看自己，以為看到的是一個客觀真實的自己——不夠好，不夠完美，不夠出色，不夠合心意，於是心灰意冷，鬱鬱寡歡。在這種情形下我們很少會從正面去努力，反而會從負面去做出選擇，放棄去試一試的想法，放棄改變，放棄努力，放棄去守住自己內心的意圖。

我們沒有因此而變得更好，反而可能變得更糟糕。因為我們做出的選擇，並不是我們真實內心的選擇，而是根據別人的想法做出的選擇。

成為你自己，這才是你會堅定、勇敢、努力的根本。成為你自己想成為的那個人，做出你想做出的努力，讓你自己來評價自己是否足夠好。

別人的想法和評價，聽聽就好，不要讓它成為你衡量和評價自己的最重要標準，更不要因為別人而誤解了自己，誰還會比你更瞭解自己呢，對嗎？

最有趣的是，如今的我只比大學時的體重輕了五公斤而已，但是許多人卻好似見證了我從一個無可救藥的胖子變成一個瘦骨嶙峋的瘦子一樣。

你表現出來的樣子，會影響到別人對你的評價，這才是最有趣的部分。

遇見合適的人有多難

生活的內容和表達的形式都很重要，而更重要的是，兩個人在一起的節奏是否舒適自在。

睡覺前，我提醒克萊德先生：「明天是520哦！」他一臉不可思議：「哦，那後天還521呢，大後天還522呢……有250不？！」我白了他一眼，他故意歪眼斜眉裝模作樣地想來想去：「啊，買個什麼禮物呢？耳釘、項鍊、手鐲？哦，買個墨鏡吧，陽光刺眼的時候正好用上！」

說真的，我什麼都不想要（我已經買了兩盒香給自己作禮物），連去商場都嫌麻煩。但我很喜歡逗他玩。

從認識起他就很不喜歡節日啊禮物啊這些他認為虛頭巴腦的東西，有超強免疫力，剛在一起的那兩個情人節我們倆都是吵架度過的。

十多年過去了，我成了逗哏，他成了捧哏，把節日當段子，拿來逗趣。

生活的內容和表達的形式都很重要，而最最重要的是，兩個人在一起的節奏是否舒適、自在。

現實中的真愛，就是找到一個適合跟你在一起的人。

這一年（編按：二〇一六年）的520很有趣，因為在當天，霍建華和林心如突然公開了戀情。

儘管是很委婉的那一種，沒有秀合照沒有牽手照也沒有小鮮肉們另類的花招，但仍然轟炸了多個年齡層的社交網路圈。除了兩位都是明星之外，更多還是因為驚訝吧，他們怎麼會在一起？！

霍建華是當紅男神，「老幹部[9]」的代言人，出道多年但再次翻紅後比許多小鮮肉還有市場。而林心如，許多人即便不說出口，心知肚明的是她在「還珠格格．紫薇」時期最紅，但即便她是真格格，存在感相對於後來強勢竄升的趙薇和范冰冰也弱太多……噢，由此推論出「他們怎麼會在一起」，好像也有那麼一點點道理。

遺憾的是，愛情不講邏輯。尤其是對兩個出道多年也有過不少感情經歷的明星，更無邏輯可言。

林心如有過兩段為人矚目的戀情，初戀是林志穎，跟導演唐季禮在一起也有四年。

9 老幹部：形容不追逐潮流，不懂網路流行用語，不怎麼玩社交軟體，現實中很嚴謹、老派的一個人。

霍建華在被與胡歌配CP之前，與陳喬恩的緋聞很盛……他們都不是沒有故事的同學。大約正是千帆過盡，才知道遇到一個合適的人不容易。

於娛樂圈中的男女如此，於我們普羅大眾亦是如此。

小時候也跟著哼唱什麼「相愛容易相處難」，卻完全不懂其中的深意。十幾年後，當經歷過初戀的懵懂，熱戀的瘋狂，走進平和又恆久的生活河流之中時，與那個人從最開始的相互吸引到每一個當下的相處時，才能參透那句歌詞的含義。

相愛，是兩個人的相互吸引，他的眼神很深邃，他的笑容很陽光，他走過來的樣子像風一樣令人沉醉。尤其是年輕時的感情，幾乎不可能不動聲色，全都是寫在臉上描在心裡，愛恨都那麼明顯，激烈地把愛情當成全世界，以為和這個人在一起就是全世界。而相處，卻是另外一道世界難題。相愛的人那麼多，但適合在一起的，卻並不是全部。

除去那些因為外部原因而遺憾分開的戀人們，仍有很多人在相處的過程中，漸漸發現彼此的不合適——也不是遇人不淑，也不是誰犯了錯，只是在那些無法妥協的小事、無法諒解的小錯、無法達成一致的觀點上，漸漸產生了縫隙，形成溝壑，天長日久，漸行漸遠。

讀大學時，宿舍門口的臺階前總能見到一個男孩靠在機車上等女朋友，偶爾手裡有鮮花或者禮物，來來去去的女生都忍不住側目，我想，他的女朋友一定是最幸福的。

那時十八九歲，覺得在一起就是幸福的全部含義，一起吃飯，一起上課，一起去圖書館，一起去看電影……生活不就是這麼簡單嗎，相愛的兩個人在一起就很甜蜜，為什麼還要說生活很難呢？

戀愛後我才知道當時的自己有多幼稚，因為除了這些之外，還會為了吃什麼而吵架，為了去哪裡玩而鬧矛盾，看完一部電影後幾句討論都會引起爭執也很常見，更不要提完全來自不同家庭環境教育背景的兩個人根深蒂固很難融合的人生觀與世界觀。偶爾一言不合，拔腿就走，扔下氣呼呼的他回到學校宿舍，蒙頭大哭，覺得談戀愛太痛苦了。

又過了十幾年，發現那時的自己仍然是幼稚的。

當蹚過青春的河流，走過愛情最激盪不理智的階段，迎來平淡的日常，乃至走進婚姻後，那些瑣碎的小事簡直都不是煩惱，因為有更多的麻煩在等著你。

我們的感情多有趣啊。

像是個迷宮，走著走著，就看到另外一番風景。雖人在旅途，並不知道終點、出路在哪裡，但你們能一直牽著手不曾放開，相互平衡，互相諒解，甚至彼此妥協，就能走到春暖花開，這就是相愛啊！

前幾年劉若英結婚的時候，許多人感慨萬分她曾暗戀陳昇那麼多年……而愛她的人，更多是慶幸——終於，她找到一個適合自己的男人，獲得自己應有的幸福。還有梁詠琪、莫文蔚、孫燕姿……她們最為人熟知的戀情，都沒有成為最終歸宿，但她們也得到了幸福的加冕啊。

有些刻骨銘心，未必是適合自己的幸福。

林憶蓮跟李宗盛在一起的時候，曾有人寫文章說她只愛才子，之前的男友也都是才子。但最後，林憶蓮還是結束了與李宗盛的婚姻，兜兜轉轉與更適合的人走到了一起。

相愛可能是一個瞬間，也可能是一段時間。而相處，卻更長久，更刻骨銘心，更能讓我們知道旁邊的這個人是否適合自己。

只是我們大部分的人，即便發現了不合適，即便在一段感情中透支著自己，即便是在一段婚姻中猶如行屍走肉，也不敢輕易去面對錯誤並做出修正，因為代價很高，從感情到物質。

結婚多年的女人告訴我，孩子出生後她和丈夫就分床而眠了，她和孩子同屋，丈夫睡另外一個房間。「我們就像是搭夥過日子」，他們不交流，因為沒話說，除了一起吃飯似乎也沒有任何交集，三口之家，毫無溫馨。

如今想來，她說本來是早有端倪的。結婚兩三年後就日漸疏離，他性格冷淡而她個性熱情，原本以為是可以互補的，但是吵了無數次、惱了許多回之後，他那些冷若冰霜的言語和眼神漸漸也滲透到了她的心裡，令她覺得人生寡淡，也沒有什麼好改變的，就這樣吧。

他們早已不相愛，甚至連普通熟人的情分都沒有，她生病時只能等孩子端來熱水和藥，他是絕對不會管的。

為什麼沒有在覺得不合適的時候乾脆分開呢？

當時沒有決心做出這個決定，而如今，也一樣。

我永遠相信愛情。

但，我不相信所有的愛情都能超越世俗超越生死超越自我。那些不合適的愛情在遭遇到現實之後，很容易灰飛煙滅，這不是什麼要大驚小怪的事情，而是客觀存在。

遇到合適的那個人很難，甚至在遇到他之前，你會走很多彎路，吃很多苦，付出過許多卻發現遇到一個錯的人。請不要將錯就錯，更不要放棄尋找與等待。你想要獲得愛情與幸福，你想要遇到那個對的人，總是要付出代價啊——時間、感情、精力，還有寂寞。

只要你不放棄，只要你願意繼續走下去，總會遇到那個適合你的人，這是我堅信的愛情哲學。

只是，無論你遇到的人有多好多完美，請記住，相愛容易相處難。在最難的時候都不想撒開對方的手，而是願意繼續走下去的那個人，才是你的真愛。

無論對方是否是「霍建華」，你都是最好的「林心如」。

有審美，比有錢更重要

有良好的審美，有生活的底蘊，意味著你可以布置出舒心自在的生活空間，讓自己樂在其中，也讓周圍的人被吸引，感受到美好的生活。

我家從前的房子是一樓，有個院子，左鄰右舍都把院子弄得爭奇鬥豔，有人種菜，有人養花，講究點的還做了假山流水，養了魚，成了一道道風景。

最初的鄰居據說是個設計師，院子設計得非常好——圍欄旁全都栽種著薔薇，每到春天就開成一道花牆；地上鋪的是青石磚，自然質樸非常好看；壘了魚池，從我家的柵欄看過去，能看到清澈的水中有金魚在游動，還養了幾朵睡蓮；夏天葡萄爬滿架子，坐在下面聊天喝茶想想都無比愜意啊……總之，他家的院子實在太棒了！

但過了幾年，鄰居就搬走了。據說是因為丟了心愛的寵物狗，總是觸景生情，最終竟賣了房子，搬離這裡。

接手的房主，對院子不怎麼在意，不但任其衰敗，後來更弄了些保麗龍箱栽了一箱箱的菜胡亂扔在院子裡，又堆放了各種家裡不用的雜物，把它變成了一個垃圾回收站。

可惜啊可惜！我有點痛心疾首，曾經那麼好的院子，怎麼就給弄成這樣了呢？

我尤其不解的是，後來他們砍掉了薔薇花，裸露著黑乎乎的柵欄，又放任魚池裡的水不管，讓水發黑變臭，成了蚊蟲的發源地。

我的天吶！他們到底是什麼樣的一家人？

兒時的某年春天，我和妹妹突發奇想要種花，不知誰指點著，說住在村東頭的奶奶家有很多花，可以去跟她要兩盆。

八九十年代的農村，不富裕，大部分農民六七十歲還要勞作，起早貪黑非常辛苦，所以大部分人家裡不怎麼收拾，髒亂不堪也是有的，更不要提什麼裝修與裝飾——沒錢啊，沒空啊，沒人打理啊。

但是那個出了名的愛養花的奶奶家，院子掃得乾乾淨淨的，農具都歸置在小房裡，有個平臺上養著大大小小許多盆鮮花，哦，對了，院子裡還種著結實纍纍的果樹。

奶奶家也不富裕，她也得去田地裡勞作，可她這質樸而美好的生活態度，令我大為驚嘆：「啊，原來還可以這樣啊！」

那些花無非是月季之類農村常見的，但她布置得整齊潔淨，你站在那裡，就會由衷地覺得生活是美的、是好的、是值得珍惜的。年輕有活力或者家庭條件好的人尚且做不到，一個白髮蒼蒼的老人卻樂在其中，只因為她愛生活也懂得美吧。

她的同齡人在茶餘飯後忙著跟兒媳婦鉤心鬥角，跟鄰家老人嚼舌頭，她卻在蒔花弄草灑掃庭院。這個不識字的住在村東頭的老人，是我心目中「懂生活」的啟蒙人。

我百思不得其解的問題很多，其中有一個是：為什麼一談到生活情趣，就必須跟錢連繫在一起？

比如我在朋友圈發一張喝茶的照片，有人問：「這是什麼茶杯啊？」我回答之後，對方嘖嘖地說：「哎呀，用喝水的杯子泡點茶不也一樣喝？就是有錢啊！」

我只能回一句：「我竟無言以對。」

對我而言，買一套不算昂貴的茶具，布置一個能讓我覺得滿心歡喜的茶席，舒舒服服地喝杯茶，是一種幸福的無用功。如果你能用琺瑯缸子喝出這種幸福感，當然也很好啊，這是個人喜好，跟錢沒關係的。

新上映的電影風評很好，打算去看，現在各種電影APP打折那麼給力，實在沒有不去看的理由，朋友卻說：「等等吧，網上很快就有資源了……還不用花錢。」

我喜歡買花的習慣也動輒被抨擊：「鮮花很快就死了。」好像沒有買把菜回來就對不起我家庭主婦的名頭。可是一百五十元一把雛菊可以開一整週讓我心情很愉快啊，這個怎麼算？

有審美的生活，比單純追求有錢的生活真的更重要。

有良好的審美，有生活的底蘊，意味著你可以布置出賞心悅目的、舒心自在的生活空間，讓自己樂在其中，也讓周圍的人被吸引，感受到美好的生活。

有錢人，可以有更多選擇，追求更高的品味，更隨心所欲一些，即便沒錢，也可以有質樸美好的生活。村東頭的老奶奶，曾經的我鄰居，他們都不是大富大貴的家庭，但都有令人豔羨的生活品味。

有錢人若是品味太差，才是更可怖的事情呢。他們會用錢把這個世界變得更糟糕。早些年紅透網路的「上流美」，豪門貴婦，品味可怕，而這種人在生活中其實並不少呢。

真正能夠讓我們變得美好的並不僅僅是錢，還有好的品味和審美，以及對生活的獨特感受力與理解力。

如此，你才能擁有你理想中的良好生活。

姑娘，願妳不要成為那樣的賢妻

有時，恰是那些自認為賢妻的女人，在某種程度上縱容了男人對自己的粗暴、鄙視和直男癌。

那篇〈徐帆寫給馮小剛：嫁狗隨狗〉的文章，曾在朋友圈裡流行了一番。一位女性朋友轉發後寫道：「點睛的是最後一句話：馮徐氏。一個妻子對男人的信任和愛，呼之欲出。」而另外一位男性朋友轉發後的點評是：「男人保護女人，女人跟隨男人。」

我竟無語凝噎。

因為這篇文章所傳遞的價值觀，在即便不是女權主義的我看來，也實在是大男子主義過了頭，它將一頂「賢妻」的帽子給女人戴上之後，就堂而皇之地宣揚著女人在婚姻關係中的從屬地位，更可怕的是，還有那麼多人點讚，認同。

這篇文章，以徐帆的第一人稱寫就，以無限溺愛的筆觸，想要表現伉儷情深、夫唱婦隨，實則真真寫成了一個「婚姻中的暴君」馮小剛——脾氣暴虐、狂躁非常，趕飛機妻子忘了帶證件會當眾被他吼「滾吧」；領結婚證時遇到一點小麻煩，就賭氣「這婚我不結了還不行嗎」，而徐帆就「識大體地」去哄他……

做為妻子的徐帆，把這些津津樂道地寫出來，還自帶「賢妻光環」表示自己能夠理解和包容他所有的「狗脾氣」，身為路人甲的我也真的只有嘖嘖稱奇的分。一個妻子把丈夫當巨嬰來對待本身就是問題，而她卻還把這當作是愛的含義。

想起多年前徐帆在訪問中曾談及對第三者的看法，她的觀點也一樣奇葩到驚世駭俗：「他是男的，反正咱不吃虧。」

夫妻倆關起門來怎麼相處是他們自己的問題，別人沒什麼立場指手畫腳，但是做為公眾人物，總是在公開場合表達這種「傳統賢妻思想」，甚至影響到許多年輕女孩子，就真的不值得推崇了。

關於「賢妻」，中國人的思維好像一直停留在二十世紀九〇年代的劉慧芳那一款，當年電視劇《渴望》風靡，女主角劉慧芳善良溫柔，任勞任怨，甚至堪稱忍辱負重，從來都是以德報怨，從來都是一味付出，得不到回報也認為是理所當然。

將家庭作為人生重要陣地的女性甘於付出勤勞善良，這是美德，當然值得讚美，但「男女平等」喊了很多年，女性終於在社會地位和職場角色中不輸男人之後，還一力強調女性應該為家庭付出甚至犧牲，就真的有點可疑了。

這是在疊加女性的責任，卻未增加相應的權利保障，有太多女性在為家庭鞠躬盡瘁之中逐漸迷失自我，戴著一頂「賢妻」的帽子，但在遭遇變故時卻手無寸鐵，一無所有。太多鬧得不可開交的破裂婚姻背後，都有一個曾認為「家就是一切」的傷透心的賢妻。

她們覺得工作就是為了賺錢讓家庭生活更好一點，沒有事業心也沒關係，反正自己又不想有什麼大作為，有一個溫暖的家庭就好；

她們覺得丈夫粗心點、暴躁點甚至在家務上一點都不承擔也沒什麼，男人嘛，把自己的工作做好就行了，家裡的事情有女人呢；

她們除了家人，沒什麼朋友和社交圈可言，每天都有做不完的家務，還有忙不完的瑣事，社交這麼縹緲矯情的事情又不能當飯吃；

……

她們並不是她們自己。她們身上的屬性只有：妻子、母親、保姆、採購、清潔員……

我喜歡美劇《法庭女王》，這是一個家庭主婦在遭遇丈夫背叛後對生活奮起反擊並重拾自己人生的故事。

這個叫亞莉莎的女人原本是名律師，嫁給了政客彼得之後生下一雙兒女，從此洗手做羹湯，是典型的「成功男人背後的女人」。一直到彼得因為召妓醜聞暴露，他不但成了眾人唾棄的男人，還鋃鐺入獄。

遭遇了丈夫的背叛，失去了經濟來源，讓亞莉莎不得不在混亂與痛苦中振作起來，重返職場，涅槃重生——為了兩個孩子，也為了把命運掌握在自己的手中，她重新執業成為律師，日漸強大到可以笑對一切艱難。

英劇《福斯特醫生》中的女主角福斯特醫生與亞莉莎的遭遇相仿——人到中年，家庭幸福，卻意外發現丈夫金屋藏嬌，這背叛引發的痛苦猶如抽筋剝骨，幾近崩潰。

福斯特醫生的處理方式，是新知女性所推崇的——她當然震驚、痛苦、難過、悲慟欲絕。但是接下來還是要理性地面對這件事，當發現一切都不能挽回，那就去接受，去反擊，去重生。

能夠挽救婚姻重修舊好固然皆大歡喜，畢竟婚姻裡的感情太複雜，並不是簡單一句兩句就能夠說清楚；如果不可挽回，以破釜沉舟的勇氣擊碎束縛自己讓自己痛苦的繭子，也未嘗不是一條幸福之路。

她挽回無效，發現丈夫還在繼續欺騙自己之後，便爆發出了驚人的力量碾壓虛偽的男人，爭取到了最有利的離婚籌碼，獲得了兒子的撫養權，並最終促使男人和他的新歡開著一輛車逃離這座城市。

許多人說：真是大快人心啊。

福斯特醫生自始至終，都是溫情的、留戀的、理智的、有力的。她不是僅僅沉迷於痛苦，也曾嘗試著修補他們婚姻中的裂痕，在發現無效之後不是吞下苦果而是為自己的人生負責，這才是讓我們擊節叫好的地方。

收音機裡，深夜節目每天重複著「丈夫外頭有人了，我該怎麼把他拉回來」的話題，電話裡的女人總是會哭訴說：「我為家庭付出了所有的一切，如果離婚了我還怎麼活？」網路論壇裡，哀怨的妻子們化身為一個個ＩＤ義憤填膺地商量著，該怎麼去擊退小三，怎麼去搞定丈夫，她們監聽手機，聯合親友在他的身邊安插眼線，好像無所不能，卻又發現無濟於事。八點檔的電視劇裡，沒有一點婚外情的故事就沒什麼看點，但男人總是要回歸家庭，小三總是要知難而退，妻子總是會大獲全勝……坐在電視前的人們當然知道這有多假，恍若異想天開，否則就不會有那麼多網路影片動輒標題打上「當街打小三」了。

有時候真令人心灰意冷啊，為什麼那麼多好的女人被辜負，那麼多「賢妻良母」最後落得被嫌棄甚至拋棄的境地？

可悲的是，當她們落入這樣的境地，竟然就再也站不起來，就像被斬斷了手腳，哪怕能吃飽喝足衣食無憂，精神上卻從此失去了依傍，彷彿她真的只能是「生是他的人，死是他的鬼」。

徐帆文章裡那一句「其實我很懷念以前的舊時代，那時候的女人嫁了人之後都隨丈夫姓，一聽就知道是誰家的媳婦」令人怵目驚心，卻也是很多女人要維持僵死婚姻的最後心理：只要你還保留著婚姻的名分，只要我還是你名義上的妻子，我就當不知道吧。

這不是皇帝的新衣嗎？

賢妻良母原本是傳統文化中非常美好、正面的形象，女人的性別特質，也註定了對家庭會付出更多，要照顧家庭，培育子女，會為丈夫孩子打點更多生活瑣事。

但無論是沉溺在家庭生活中很久的女人，還是尚未踏入婚姻之門的女孩們，請妳千萬不要成為那種「賢妻」——它縱容女人依附於男人的舊觀念，宣揚的是放棄自我，無盡地犧牲，無底線地包容男人所有的壞與劣根性，近乎女奴思想。

妳從小努力讀書，踏入社會好好工作，認真談戀愛，跟相愛的人結婚，是為了擁有妳自己完整的人生，和一個男人並肩而立共同築造一個幸福家庭的，但妳從來不是為他而生、為他而死、為了他付出所有，毫無原則地淪為附庸的。

小旭頗有幾分姿色，嫁給了一個有些財勢的男人，大她十多歲，離過一次婚，兩人感情還不錯。最初幾年，日子平順，家庭和諧，後來小旭乾脆辭職做了全職太太。大多數時候，小旭就是逛逛街，吃吃飯，當然重中之重是把老公照顧好，找名廚學習煲湯，每天晚上煲湯給他喝，滋養身體，雷打不動。

白天他上班，她會把握時間打幾個電話，噓寒問暖，細心到提醒他要喝水這樣的小事。男人也帶小旭去參加一些應酬，常有人讚美小旭「這才是真正的賢妻啊，出得廳堂下得廚房」，小旭覺得很驕傲。

結婚三四年之後，小旭想要孩子，男人敷衍了兩年後攤牌說不想生。小旭頓時傻了眼，從戀愛到結婚他從沒說過不想要孩子，做頂客族也不是不可以，但是這麼大的事他說不行就不行，那以後日子過起來得多彆扭？

軟磨硬泡了兩三個月，男人就是不同意，最後說：「離婚吧。妳想生孩子找別人生去。」緊接著，就開始玩失蹤，不接電話不回家。小旭找做律師的朋友商量，如果離婚的話，小旭只能開走她名下的一輛車。

小旭簡直要瘋了。

表哥表弟們說要去找他拚命，父母姊妹都說小旭一根筋，他不想生就算了唄，妳還折騰什麼？他那麼有錢，離婚之後再找個更年輕的一點都不難，妳呢，妳還有什麼？

小旭除了養成的一身富貴病，的確什麼都沒了。

不管離不離婚，都成了輸家。

世俗一點說，小旭至少享受過幾年，可是更多把自己的時間精力全都投入到家庭中的女人呢，年紀大一點變成黃臉婆被掃地出門的，還不是比比皆是？

好像這樣的故事，每天都在發生。

電視裡，網路上，職場上，甚至就是我們身邊的同學、同事、朋友，怵目驚心。

而每一個這種令人唏噓的故事裡，都會有一個這樣的「賢妻」——無論是富貴之家，還是平常小戶，有很多抱著「愛家愛老公」理念的女人，老黃牛一樣地在屋簷下這一畝三分地裡耕耘著，受了委屈也不說，有了痛苦也很少吐露，她們的幸福就是老公和孩子能幸福……唉。

所以也不要奇怪，為什麼那麼多男人至今會說「女人不用太能幹，把家庭照顧好就行了」，又或者老人們諄諄教導「照顧好老公孩子，才是女人最大的歸宿」，也不奇怪為什麼年輕的男人會說「女人跟隨男人」，更不必奇怪為什麼會有男人在超過三百人的群組裡公開說「家暴存在了幾千年，自然有其合理性」……是女人，尤其是那些自認為賢妻的女人，在某種程度上縱容了男人對自己的粗暴、鄙視和直男癌。

這個時代，要成為賢妻，首先得是一個獨立的女人。有事業，有自我，有為愛情赴湯蹈火的勇氣，不會被世俗束縛，違心地維持表面的風光。

女人，首先是自己，然後才是妻子、伴侶和母親。

進，和另一半舉案齊眉，營造一個幸福和諧的小家庭，能夠遮風避雨，給心靈一個休憩之地，在深夜點亮一盞溫暖的燈光；退，有自己的事業與天地，能夠過得足夠好不讓家人擔憂不讓父母勞心，有自己的朋友與社交圈，而不是一個哭哭啼啼的愛哭鬼麥朵。

這樣的女人，才是這個時代的賢妻，也是我們該成為的賢妻啊。

好的婚姻，是有底氣說「我養你」

真正好的婚姻，不僅僅是每天都說「我愛你」，更不是每天都問「你是不是不愛我了」，而是彼此都清楚地知道，我們深愛著對方，若是有一天情勢所需，站在對面的這個人會養我。

結婚兩三年的時候，我曾遇到過一段時間的情緒低谷，當時我一直糾結著要不要辭職回家——沒想好做什麼，但就是很不想工作。

沒有勇氣下決心，或者說，很多東西割捨不下，但這個念頭在心裡翻滾，於是我跑去問克萊德先生：「如果我辭職的話，你願意養我嗎？」

他的回答犀利到令我心驚：「那如果我辭職了，妳願意養我嗎？」

我當時特別生氣，這跟我想要的答案相去甚遠。

在那之前，不止一次有女性朋友跟我談論過類似的事情，當她們覺得工作很辛苦、上班地點很遠、上司很變態的時候，男朋友或者老公就會說：「別幹了，我養妳。」

兩相對比，我想，克萊德先生一定是不夠愛我，所以才不敢做出這樣的允諾。

要知道，女人哪怕是再爭強好勝，心底也住著一個小女孩，期待著小時候被家人寵，長大了被戀人愛，難道最溫柔的情話不是「我養妳」嗎?!

為此，我很是彆扭了一陣子。

不過那些焦慮煩惱後來都一一化解，走到了另外一番境地裡。

認真想來，我之所以在艱難的時候會咬著牙披荊斬棘，以一種沒有退路的姿態勇往直前地衝刺，是因為我的內心潛臺詞一直都是「如果我不努力，沒有人會養我」。

我有父母，但他們也是平凡的家庭，讓他們養一個已經結婚的女兒實在是不太可能的事情；我的丈夫……他即便是最終「屈服」，一定也是心不甘情不願，接下來的婚姻品質可想而知啊！

認清現實，並且活在當下，變得尤為重要。

做多少工作，賺什麼樣的薪水，有多少自由時間，獲得怎樣的社會認可，都慢慢變得清晰，以至於到最後，你會非常清楚自己的價值，並且對要走什麼樣的路心知肚明。

至少在十年前我就知道：「噢，我是不可能成為一個被老公養的女人啊，所以，努力吧！」

後來，我們又談到這個話題。當時我慨嘆的是，我所在的行業一再被唱衰，而江河日下也是大勢所趨，以後還真是前途未卜啊。克萊德先生仍然是輕描淡寫的態度，「若是真的影響到妳的發展和心情了，那就辭職吧，我養妳半年是沒問題的。」

「哎喲！」我哈哈大笑起來，把他笑得不好意思了，還繼續笑。

我發現「我養你」三個字很有趣，當它不是一種敷衍一種慰藉，也不是一個一方出於面子氣概、大男人或大女人主義誇下的海口時，它真的有點患難與共的真情意。

山本文緒在一篇文章裡提到過，當猶豫要不要跟一個人結婚的時候，不妨問自己一個問題：「如果現實所需，你是否願意養這個人？」可能是，丈夫養著妻子；也可能是，妻子養著丈夫。

只有當你願意承擔起養另外一個人的責任時，那麼你就可以跟他結婚了。

你養另外一個人，意味著你不但要付出物質，還要付出許多感情上的東西。你愛一個人，願意跟他分享你的勞動所得，並且心甘情願，如此，才能讓感情長久，而不是落入「貧賤夫妻百事哀」的狗血套路裡。

在感情好物質好一切都好的時候談戀愛，誰都會，但難的是，在一方遇到困難，需要你承擔起更多責任的時候，你是否還能愛他如初？如果不能，還不如不要結婚，畢竟養自己，比養兩個人要輕鬆得多，誰都不知道以後會遇到什麼樣的困難，真到讓你養他的時候臨陣脫逃，反而會落一個「無情無義」的名聲。

我們聽說過很多狗血的故事，什麼勞燕分飛，各奔東西，丈夫捲著生病妻子的救命錢消失，又或者丈夫生病妻子改嫁……每一個，都直接地指向這個問題。

二十幾歲的時候，我曾經想：我跟這個人結婚了，如果我不開心不想工作，那麼做為男人的他不是應該胸口一拍說「我養妳」嗎？

現在我才發現自己當時的想法多麼幼稚，近乎天真。

我們是因為愛情走到一起，組建一個家庭，互相有責任，不能把對方當成飯票，妳不開心了會辭職，那他不開心想辭職的時候妳是否願意養他呢？

終極問題是：那麼，妳願不願意養另外一個人？

當他遇到難以逾越的困難，當他遭到重重的打擊，或者身體的緣故，無法再繼續工作……妳還能像現在一樣與他攜手共進退，還能和他談笑風生一起做飯吃飯聊天睡覺嗎，妳能不在乎他再也沒有收入只花妳賺的那份薪水嗎，妳能在做到這些的時候不帶著抱怨、委屈和憤懣，一如既往地做一個快樂的妻子嗎？

同樣的問題，也該問一問做丈夫的。

即便只是想像，我做為一個可能是被養的那個人，也都覺得壓力山大。因為我無法心安理得地把所有的重擔都放在一個人的身上，所以，肯定不會放棄努力啊，短暫的調整後，還是要跟他一起承擔啊。

我不止一次看到一些男人介紹做家庭主婦的妻子是這樣的，帶著一絲說不上是曖昧還是嘲諷的笑意，說：「她不上班，在家裡。」

她不是不上班，她的職場在家裡。措辭可以改，但是丈夫的態度才是更應該注意的，他們的這種「養」帶著自大，帶著不滿，甚至帶著不屑。

長大的一個表現是，不再會隨便把希望寄託在別人身上，更不會在別人那裡索要安全感——無論是父母還是另一半抑或是同事、主管、搭檔，因為像是一團麻煩貼到別人身上去，早晚會成為累贅，遭人嫌棄吧？而是要學會認真打算，仔細考量，學會放棄一些天真的夢想，但永遠不會放棄努力。

當你真正愛一個人，當你願意和一個人搭建起快樂、幸福的生活時，你也不會不負責任地把自己投入一種「你養我」的境地，而是兩個人有分工，有搭配，這跟是否出去上班的關係其實已經沒那麼大了，重要的是，兩個人扛起一個家。

真正好的婚姻，不僅僅是每天都說「我愛你」，更不是每天都問「你是不是不愛我了」，而是彼此都清楚地知道，我們深愛著對方，若是有一天情勢所需，站在對面的這個人會養我。

這樣的婚姻，才有底氣。

Part.2

幸福不是你想的那麼淺薄

你焦慮並不代表你努力

當你覺得一件事情離開自己就無法運轉的時候，就意味著，你出問題了。你看起來很努力，其實只是，很焦慮。

秋天的時候，有一次乘坐遊輪出國旅行，第三天的早晨，同行的女性朋友之一微微皺著眉頭說：「我昨晚上沒睡好，總是在想事情……怕有些事情沒處理好。」

我問她：「妳知道自己的焦慮於事無補對嗎？」她點頭，但依然眉頭緊鎖。

旁邊的朋友們開始討論如何放鬆身心，深呼吸、做瑜珈等，可以緩解焦慮……我們每個人都多少有些焦慮的經歷，或者，正在焦慮著。

緩解焦慮的方法當然有很多，但是效果如何，因人而異。最根本的是，我們應該破除對焦慮的誤解，讓自己從心底自在從容起來。

焦慮，是當下極為常見的一種情緒。

這幾年我接觸過一些年輕人，他們跟我情況相似，從大學時代甚至高中時代就開始因為想法多、個性強而產生焦慮情緒，無法排解，各種糾結痛苦。

其中當然有「為賦新詞強說愁」，但也有現實的因素，找不到排解方法的許多人，可能就會想方設法地用玩鬧來耗費時間，或者談一場原本沒有多麼渴望的戀愛，希望以這樣的方式來甩掉焦慮，但結果往往並不好。

要麼是虛度時光，要麼是為情所傷，所以當他們來問我該怎麼辦時，我會說：「找到你的興趣愛好，從最基礎做起來，當你真正開始做一件事情的時候，你就不會被焦慮挾持了。」最微小的事情，只要開始了，就是進步；而僅存於想法中時，那僅僅是情緒。

工作幾年之後，我曾有過非常焦慮的狀態。

當時工作壓力大，總是覺得責任重大，太多事情需要處理，或者說非我處理不可。一開始幹勁滿滿，動力十足，彷彿變成陀螺，不停地旋轉也沒問題。漸漸動力減弱，身心卻被動地持續緊張，效率降低，但還努力地保持著「滿負荷」。到後來，我只是在用焦慮假裝自己很努力，以此滿足內心對自己的苛求——我一定要做到最完美，我一定要做到最好……那是非常痛苦的。

你知道自己的能力和動力達不到百分百的狀態，腦子還在不停地轉著一二三四五，不管是否力所能及，全都要不停地想來想去，結果呢？全都是痛苦。

當時我在做一份週報，每週四簽版。每週的簽版日結束後，有一兩天的緩衝時間，至少週末是可以放鬆的。但焦慮中的我，卻沒有這樣的閒情逸致。

我在最後一個版面上簽下名字開始，就會非常焦慮：「下期的選題在哪裡？我還能找到這麼好的採訪線索嗎？採訪對象會配合我做出好的訪問嗎……」各種各樣的問題，不請自來，不得安寧。你知道於事無補，可是你卻停不下來。

為什麼？

因為你想對你自己和全世界表明：我真的很努力啊！

現在許多人，正是在把焦慮當作了努力。**以為自己越焦慮，越忙碌，就是越努力，越成功。而實際上，這真的是南轅北轍，事倍功半**。

我有一位從事市場銷售的朋友，前些年事業風生水起，既有很好的工作成績，又熱愛生活，家庭和睦，真是令人羨慕啊。

不知怎麼，後來就畫風突變了。

有一次我們約了喝茶，在短短的半個小時裡，他接了超過十通電話，即便電話不響，他也總是不停地查看手機；又或者，在聊著某個話題，他突然就岔開了，再也回不到之前的談話；他總是不自覺地露出很緊張慌亂的表情，我問他是否有重要的事情，他卻說沒有，只是在擔心下屬是否處理好某件事情……

當你面對這樣一個人，自然是無心安坐的，敘敘舊的想法早就煙消雲散，我暗想：

他狀態這麼差，回到家裡，家人也要跟著受累吧，一定也會慌慌張張的，工作夥伴也會被搞得神經兮兮吧？

他說，自己睡眠品質越來越差，大把大把地掉頭髮。說這些的時候，他臉上是苦笑，但口吻卻是驕傲的：「沒辦法，實在太忙了，脫不開身啊！」

跟他相熟的朋友說，他這兩年的業績不好，人際關係處理得也很不好，總是苛責別人做得不好，自己攬了很多事情卻又處理不到位……

他只是看起來很努力，而實際上，是真焦慮。

我先生有段時間工作壓力蠻大，晚上看資料到很晚，清晨天還未亮又捧著咖啡坐在電腦前，搞得我也跟著精神緊張。

偶爾我問他：「你這樣累不累啊？」

他嘆口氣：「當然累啊。有時候覺得腦子裡都已經不裝東西了，看半天才能看懂一行……但是如果不看的話，就會覺得好多事情還沒做完，也睡不好，索性就起來看吧。」

我勸他，工作之外要有一些運動，讓身體疲憊之後放鬆下來，晚上早點睡，哪怕是要看資料，也不要太晚，一定要適可而止；早晨起來，讓腦子放空一下，再開始這一天的努力，而不是一下子就進入高速運轉中開始自己的焦慮……

中國人講究「老黃牛精神」，但你一定也聽說過「老牛拉破車」。當一個人疲憊不堪、精神不濟、超負荷運轉的時候，能把事情做好的可能性微乎其微，更多的只是以焦慮情緒來假裝在努力而已。到最後，結果若是不盡如人意，焦慮情緒又會加重，這是個惡性循環。

「當你覺得一件事情離開自己就無法運轉的時候，就意味著，你出問題了。」我在書中讀到的這句話對我啟發很大。

彼時，我已經走火入魔，覺得好多事情離開我都無法推進，當我無法完成得很好時，我就用緊鎖眉頭、長吁短嘆來麻痺自己，讓自己相信：我已經很努力了，我已經盡力了，結果這樣我也沒辦法啊……

這真是一種自我麻痺，甚至是在演戲給別人看。

這幾年，我學會放下——有些工作完全可以和同事分擔，孩子的一些小事沒必要那麼緊張，家裡的大事小事可以拜託家人，偶爾寫不出滿意的文章，也沒關係啊。甚至就放手不寫算了。看看書，喝喝茶，聽聽音樂，重新充實自己，不要讓焦慮從心底升起，保持好的心情過好每一天。

我已經過了「看起來很努力」的階段。

我不需要向別人證明我多努力，我多出色，我更需要學會瞭解自己，學會調整情緒與它相處，然後，我會努力成為更好的自己。

親愛的，請放下你的優越感

優越感會讓人生出虛幻之感，飄浮在半空中，也因此體會不到真正閃現在生活中那些細枝末節的小幸福、零零碎碎的小快樂。

身體不適的週末，用兩天時間看完了李娟的《羊道》，看得心裡清涼舒適，愜意非常——身體還是兀自病著，精神卻被治癒了。

感覺靈魂已經不在身體裡，而在遙遠的遠方，跟著她的文字，隨意飄蕩。

文字寫得美的人，並不少見。精妙的構思，精緻的文字，甚至浩瀚的想像，這些，在當下我們能接觸到的介質上呈現出來的，都很多。

為什麼唯獨李娟會讓我這麼痴迷呢？

有一點不可或缺。李娟和她的文字，是不帶一絲一毫優越感的，是純然素淨的，是完全質樸的，是全身心投入的，也是無限諒解的。

無論是對人，對事，對動物，還是對天地。

能夠寫出這些無聲無息卻又動人心魄的文字，很大程度上，是因為她始終以素人的狀態去融入牧民的生活——不是打量，不是路過，不是走馬觀花，而是真正地融入，是俯下身子成為大地的一部分，是衝進羊群成為牧民的一部分，是步入森林成為天地的一部分。

面對牧民，她沒有做為外人的優越感；面對不識幾個字的人，她沒有身為「寫作者」的優越感；面對動物，她甚至沒有做為人類的優越感。

這對我們大多數人而言，簡直不可想像。

優越感是一種很吊詭的東西。

它不是與生俱來，甚至我懷疑它並不是從人的內心生發出來的，而是在外界環境、物質條件及各種因素的刺激之下，才逐漸萌芽滋長的。

它是一種睥睨的態度，蔑視的心理，看起來與自信有些相似，實則有天壤之別的東西——自信更多的是源於內心的強大及對事物的掌控力，而優越感，則幾乎完全依附於外在條件。

這大概算是一種後天的心理活動吧。

有些優越感是「有趣」的。

譬如美劇《宅男行不行》裡的謝爾頓對於自己智力的優越感，噢，人人都愛的卷福亦是。許多天才都會有自信到狂妄的一面，但我等普通人類面對他們的聰明絕頂及優越感也只能由衷敬佩，也是應該的。

但大部分的優越感，是無趣的。《患難姊妹花》裡的卡洛琳就曾經是優越感爆棚的典型。尤其是最初流落到貧民區成為一名侍應生的時候，她一方面羞愧難當，一方面又時時不忘秀一秀出身豪門的優越感——最後都被無情的生活和無情的麥克斯給滅了。

優越感往往是依附於家庭出身、物質生活、職業薪水、所處環境等產生。榮華富貴最容易滋生優越感，自覺高人一等，很容易就有睥睨眾生的態度。

但若這些外在條件不復存在，優越感也就會隨即像是一場幻夢一般破碎，煙消雲散，而人卻跌跌撞撞，在這自己挖鑿的溝壑裡，難以平復自然的狀態。

《紅樓夢》裡大戶人家的丫鬟們，明明也是出身卑微，是被二兩銀子賣進豪門的，但因為在錦衣玉食的氛圍裡浸淫得久了，也油然而生一種優越感，甚至是那種被下人（明明她們自己也是）或者普通人看一眼都是褻瀆的優越感，實在可笑，而她們卻覺得「理所應當」。真正的貴公子賈寶玉反倒持一顆平等心，也真是令人慨嘆。

大多數人的優越感，基於一種囈語般的比較。

以自己的長處去比較別人的短處，譬如我比你個子高，卻不去在意人家比你成績好；譬如我賺得比你多，假裝不在意人家過得比你瀟脫；譬如我的大學比你有名，噢，

10 卷福：英國電視劇《新世紀福爾摩斯》的主角夏洛克．福爾摩斯，被劇迷暱稱為卷福。

可是離開學校你混得好像更差一點……明明，你是一株草，就不要去跟一朵花比較誰更綠。

我們本來就是完全不同的個體，為什麼非要拆開來一截截地做對比呢？

即便是我們這樣的普通人，亦能感覺到那優越感像是影子一樣，緊緊跟隨，想要抓住機會隨時顯山露水一番。

小時候，會覺得自己比成績差的同學「高」一截，甚至學習成績好的孩子們是不屑跟成績差的孩子們一起玩的；長大一點，優越感可能基於家庭條件，考入的大學是一流二流抑或是不入流；再長大一點，因為月薪高或者行業好，甚至能接觸到很厲害的人物，就真的會飄飄然，覺得自己「很不錯」……

這些幻夢般的裝飾品啊。

我偶爾能夠察覺到自己一絲的優越感。當我面對那些我已經不是很熟悉的鄉鄰的時候，當我走入稍微差一些的環境時……許多這樣的時候，我是有優越感的，哪怕是不表現出來，你也能察覺到心底最深處，那絲絲縷縷的冷笑。是一種不夠善意的，甚至帶著一點點鄙夷的冷笑啊：瞧，我比你好！

於是就心生鄙夷，於是就頤指氣使，於是就心浮氣躁。

我時常會想，持有「平等心」到底是一種什麼樣的體驗？想到李娟那些並非瑰麗卻令我嚮往的文字，是以怎樣的心情底色寫就出來的呢？我也會想到，一個人到底以怎樣的姿態擁抱生活，才能全身心地感受到那種熱烈與美好？

想來想去，不過是放下優越感，以最真摯、最樸素、最火熱的姿態去投入到最真實的生活中。

優越感會讓人生出虛幻之感，飄浮在半空中，也因此體會不到真正閃現在生活中那些細枝末節的小幸福、零零碎碎的小快樂——雙腳沒有踏在地上，又怎麼可能感受到地面的炙熱呢？

優越感，會讓一個人很難真正地認識自己，更不要提自省與自強。

優越感太強的人，見不得比自己好的人，那會讓他覺得自己被打回原形，進入自卑狀態。所以，大部分時候，他們用睥睨、鄙夷的姿態「往下看」，以這種「我比你好太多」來餵養自己的優越感，日益膨脹，日益飄浮。

真正的幸福，是一種強烈的內心感受，不需要跟別人做比較或攀比，它是你嘴角不由自主的上揚，是你內心的踏實感，就這麼簡單。

嘗試著，放下你的優越感、你的好工作、你的高薪、你優越的辦公環境、你非常有錢的男、女朋友……放下這些，以素人的面目，去感受生活給你帶來的快樂，愛情給你帶來的甜蜜，一點點小物質帶來的大歡樂。

有許多物質的外在，會在某個時刻煙消雲散。而你內心的體驗與收穫，才是長久而恆遠的。

就如同李娟說：我不用去遠方，我就在遠方。

當你覺得人生艱難

如果你不能跳出自我，不能承認失敗與自己犯過的錯，你真的很難渡過一次又一次的艱難，鑽進牛角尖，人往往會變得更偏執。

時常會有這樣的時候，覺得很累、很疲憊，做什麼都提不起興趣，從前只要想一想就食指大動的美食也不會讓自己心動，總之，就是特別無聊又很懶散的狀態。

我認為這是身體給我的一個訊號，讓我適當休息，調整狀態。但有時候，還沒來得及去認真思考，就被一些事情猝不及防地打倒，情緒非常低落，身體更加疲憊，甚至有一種透支的感覺。

那時候，覺得人生好艱難啊，怎麼走，都走不出泥潭，走不到康莊大道，走不到自己想要的幸福之地。

如果你也有這樣的時候——覺得生活蒼白而無聊，覺得一切都不再有趣，甚至覺得人生很艱難，咬牙都撐不過去，請你就面對現實甚至失敗，接受它，哪怕落魄一點，也不會怎樣。你還是你，你總有一天會走出那團陰影，你會的。

人生詭異多變，車水馬龍的城市裡看似熙熙攘攘，好多時候，卻不能安放一個人的悲傷。

當你悲傷的時候，那就安靜下來，靜靜地等悲傷過去。

朋友請我幫她推薦心理醫生，說是家人遭遇詐騙，精神有些崩潰。她說，從外表看上去，一切如常，但做為至親家人還是能夠感覺到問題，所以隱隱地擔心，希望能夠找專業人士進行一下心理干預。

我贊同她的決定。有時候，崩潰發生在不動聲色之時，當問題浮出水面，恐怕為時已晚。

社區裡有一對老夫妻先後過世，曾引起左鄰右舍唏噓不已。老夫妻早年都在文藝團體工作，有一技之長，也因此退休之後仍然帶學生，收入很不錯。子女早已成家立業，無須擔憂；老先生曾經罹患癌症，但夫妻倆相互扶持，所以病情穩定，生活還算舒適安逸。

直到有一天，他們認識的朋友說帶他們參加一種回報率很高的投資——這種事情年輕人都會猶豫再三，但是老人卻輕信了對方，最後被騙走了幾十萬存款。

這猶如迎頭痛擊，把兩個人的生活頓時擊碎，老太太委屈又憤懣，選擇在地下室上吊自盡。沒過多久，孤單又重病的老先生也去世了……

這些像是新聞裡才有的事情，發生在自己身邊時，真是令人怵目驚心，久久難以平息。如果你關注社會新聞，你會發現，各種詐騙層出不窮，手段花樣繁多，總有人會上當受騙，而很多時候，我們不能馬上就看到「惡人有惡報」。

委屈、鬱悶、煩躁、痛苦、煎熬，互相指責，相互埋怨……這些都在情理之中。但是若退一步看，就接受這個窩囊的現實，就承認自己這次瞎了眼，是不是總比整個人分崩離析要好很多？

同樣的故事，相似的劇情，也曾發生在我的朋友身上，他們被一個相識多年的朋友盜刷了九十多萬的鉅款，對方一走了之玩起消失，而他們卻被迫背上了沉重的債務。

他們也有過無比崩潰的時刻，哀嘆遇人不淑輕信了他人，也哀怨過怎麼會遇到這種事，心裡不服氣但又無可奈何。最後的最後，他們嘆口氣，鼓起勁，先接受了這件事已經發生的事實，積極地解決問題，一方面先把卡債的窟窿想辦法堵上，同時尋求法律支持，通過法律手段來捍衛自己的權利。

事情已經發生，哭天喊地並沒有用，重要的是，要一點一點點收復失地，一點一點地恢復到往日平靜的生活。

他們依然很努力地生活，遲早會找回自己的笑臉。

誰的人生沒有經歷過艱難呢？

如果你不能跳出自我，不能承認失敗與自己犯過的錯，你真的很難渡過一次又一次的艱難，鑽進牛角尖，人往往會變得更偏執。

我二十二歲時，突然聽說兒時的一位夥伴自殺了，震驚之餘梳理她的成長之路，總覺得這悲劇彷彿是註定的。

她的家庭很糟糕，父親酗酒又暴力，母親承受著苦難，特別會嘮叨，對他們姊弟也算不上好。女孩除了要照顧弟妹，幫忙做家務之外，還每天都被咒罵，甚至挨打。她個性孤僻，特別好強，從小學習成績就很不錯。但初中畢業之後，就沒有機會再上學，開始打工賺錢補貼家裡。

她一心想要離開家庭，選擇跟一個大她很多歲的男人戀愛、同居，但過了兩三年，對方卻以她有病為由將她甩了。這件事成了壓垮她的最後一根稻草。她選擇以最決絕的方式離開，結束了自己甚少有過歡樂的一生。

人生有太多艱難的時刻啊。

當你有一天發現自己根本沒有那麼聰明能幹，周圍人輕輕鬆鬆能實現的一切而你怎麼努力都得不到的時候；當你發現你傾盡全力追求的愛情，最後變得面目可憎，曾經愛過的那個人狠狠地傷害你、踐踏你；當你發現你曾那麼認真投入地去信任、付出的人或事，卻變成了一場噩夢來糾纏你的時候；當你發現……你當然會痛苦、會懷疑，甚至會崩潰。

可是，這就是人生啊。

它是一場永遠不知道下一秒會發生什麼的冒險，它是一次你要不斷充實自己、壯大自己才能夠去看到更廣闊世界的探險，它也是你要不斷地放下執念，放棄完美，要敢於承認失敗和面對泥濘的考驗。

爬山時，如果覺得累，我們會停下腳步，看看風景，或者是坐下來，休息一會兒。在人生的這一次攀爬中，你也可以。

等你喘口氣，歇一歇，緩過來，再往前走。

你一定可以跋涉出泥濘，一定可以走過痛苦之地，你連最艱難的時刻都熬過來了，還有什麼可怕的呢？

先謀生，再謀愛

只有獨立、自由地活著，你才有希望遇到真正好的愛情，才有可能全身心地去愛別人，也被別人愛著。

傍晚回家，經過路口，一對年輕男女站在那裡講話。

男人不耐煩地說「妳趕緊走」，女孩有些激動：「你給我錢，你到底把錢花哪兒去了。」男人的語調聽上去有點無賴：「那妳給我啊。」……我扭頭看了一眼，男人穿著西裝，大概是附近的上班族，女孩穿著休閒，背著雙肩背包，兩人相距一步之遙。

女孩的聲音有點崩潰，開始吵鬧。我回頭張望，看到男的突然揪住女孩的頭髮，將她拖入旁邊的樹叢中——女孩沒怎麼掙扎，兩個人是亦步亦趨過去的。我站在幾步之外沒再走開，生怕女孩吃虧，若是這男人動手打她，或者聽到女孩的呼救聲，我得打電話報警才行。

過了一兩分鐘，兩人還是站在影影綽綽的樹叢間說話，後來女孩開始打電話。然後，兩人一前一後走出樹叢，我長舒了一口氣，繼續走我的路。

他們之間的故事和感情我當然一無所知，但是兩個人的那幾句對話，以及他揪住她頭髮將她帶到旁邊去的那一瞬間，實在是令我心驚膽跳。

如果我認識這個女孩子，我一定會勸她盡早離開這樣的男人。哪怕是妳的錢在他身上打了水漂，哪怕你們曾經有過甜蜜幸福的時光，而如今也已煙消雲散了，哪怕他曾經對妳溫柔呵護關懷備至，這都抵不過他在妳崩潰追問時那漫不經心的一句「那妳給我啊」，更抵不過他毫不手軟地揪住妳頭髮那一刻令人不忍直視的殘暴。

兩個人對話時女孩的身體一直處於很緊繃、防備的狀態，大概也是怕男人會動手打她吧，至少這說明，這個男人打她的可能性很大，而她，是知道的。

平日裡，我們經常討論的是如何追求內心的平靜，怎麼追求夢想、幸福，如何成為更好的自己，而就在我們經過的某個路口，或者住在我們樓下的某個房間，抑或跟我們在同一棟大廈上班的某個女孩，她卻可能掙扎在愛與痛的邊緣。

當自身安全都得不到保障，還談什麼內心的幸福？

山本文緒的小說《藍，或另一種藍》中的一個女主角，就有類似的情況。她戀愛時就發現廚師男友喝酒後有暴力傾向，但是每一次酒醒後他就痛哭流涕苦苦求饒，而且他平時對待自己真的很溫柔啊，所以她還是嫁給了他。

婚後，他的暴力行為還在繼續，而且日益加重，一直到她已經習慣了被暴打凌虐後，自我安慰：「這次熬過去，又可以輕鬆一個月。」

天吶。

沒錯，有些戀愛中已經發現端倪的女孩，居然寄希望於「結婚後他就好了」這樣的幻想，真是可憐又可恨。愛情很重要，但真的不應該比生命更重要，我們能否先謀生，再謀愛？！

一份好的愛情，應該能夠讓兩個人互相包容，互相促進；但壞的愛情，卻可能扼殺一個女孩的青春、夢想，乃至一生。

我不相信存在著暴力的愛情是好的愛情。哪怕妳甘之如飴，我仍然認為它是有毒的愛情，一直到殺死妳的所有希望，讓妳在恐懼、動盪中過完自己的一生。

年輕的女孩，哪怕妳不能成為一個女強人，哪怕妳很平凡、普通，但還是希望妳，成為一個獨立的女性，能夠保護自己的安全，明辨是非，能夠在傷害剛一出現的時候就警醒，斷然離場。

可以不奪目、不耀眼，甚至，妳可以平凡，但是首先要保證自己的安全。盡量讓自己在安全的環境裡生活，在妳自己能控制的部分裡，盡量做到最好；妳要擁有一份安全的感情——並不是說要永遠不會分手，而是，這份感情不會傷及妳的身體髮膚，不會讓妳的身心受到巨大傷害。我們一定要對自己的安全有察覺，這是對自己負責，天災人禍已經夠多了，我們還在無形中把自己置於危險的境地，實在是太愚蠢了。

所謂謀生，除了要人身安全，還有就是獨立。有許多女人，一談戀愛或者走進婚姻裡，就不再是自己，而是變成男人或者家庭的附庸，受再多委屈，吃再多苦頭，也不離開。

逃不脫，因為被吃定，自己也知道，所以就認命。

兒時的老家有個男人動輒就打老婆，鬼哭狼嚎，半個村子的人都被驚動。但每次的套路都是：男人打老婆↓有人勸架↓男人說自己喝多了↓轉天又和好，女人鼻青臉腫不以為意。

他吃準了她離不開，所以隨便一個藉口就對她拳腳相向，發洩自己對生活的不滿；她大概也是這麼想的，屢次被打，從未離開。她不相信自己離得開這個家，還能活下去。

但如今我們周圍那麼多受過高等教育的年輕女孩遭遇了同樣的事情，做出的選擇居然也跟這個農村婦女一樣，忍受，忍受，忍無可忍繼續再忍，因為她們不相信自己可以靠自己活下去。

她們以為自己是在為愛忍受，而實際上，是在謀殺自己。

不謀生，如何謀愛？在動盪恐怖的氛圍裡膽顫心驚地生活，又談什麼愛和幸福呢？

更為怵目驚心的是，某一天的社會新聞裡，跟我在同一個城市的一個女大學生在宿舍產子後雙雙死亡，實在令人唏噓……

大概，她有很多難以言說的尷尬，所以才不肯向別人透露，也不肯求助，最後搭上了自己和孩子的性命。

真想告訴那些年輕的女孩，若妳犯了錯誤，或者做了難以承受後果的事情，妳要學會求助，向妳的家人親友求助，無論什麼時候，總會有人幫妳的。年輕的時候誰都會犯點錯，但妳不求助，可能會把一條泥濘的路走到盡頭，等待妳的可能是更大的痛苦。

想起自己的二十歲，懵懵懂懂，對世界幾乎一無所知。也曾以為自己無所畏懼，也曾以為自己離開愛情就活不下去，也曾覺得開口向別人訴說自己的痛苦會尷尬，也曾覺得一個人扛著扛著就過去了……

可是走過了一些路，經歷了一些事，看到很多的故事，認識了那麼多內心寫滿滄桑的人之後，我真的想對年輕的女孩們說：請妳一定要先謀生，再謀愛。

只有獨立、自由地活著，妳才有希望遇到真正好的愛情，才有可能全身心地去愛別人，也被別人愛著。

妳才有可能幸福。

有些事，只靠努力是不行的

「雖然我沒有成功，但你知道我有多努力嗎」，這種努力，還不如痛快認輸重新來過，才是真正的勇士。

雜誌做到第十年時，我看著傳統媒體被移動網路推向了另一個境地。最初兩年，聽到雜誌業有點風吹草動，我就很敏感、很焦慮：是不是我還不夠努力，是不是還有什麼事情應該做而我還沒做？

總覺得，只要努力就有可能會打個翻身仗，還有逆襲的機會。所以拚命想選題，加班，尋求各種合作，想各種招數……累是必然的，但更令人難以承受的是，付出和收穫完全不成正比，甚至相去甚遠，漸漸心中就會有委屈、痛苦和鬱鬱寡歡。

後來才清醒過來，有些事，只靠努力是沒用的。

老祖宗早就說過了，一件事的成功，得有「天時地利人和」。做任何事情都少不了主客觀因素、大環境的影響和整個時代的走向。當你的努力只是螳臂當車的時候，你繼續努力，不過是把一件事增加更多的悲劇氣息而已，甚而顧影自憐，自怨自艾，甚至可能會走向消沉、低落的境地。

「我已經很努力了，為什麼還不行啊？」很多人憤憤地詰問。年輕的時候，你相信只要努力，就能到達成功的彼岸。他們說，時間會給你答案，所以你就一直努力吧。

人當然也必須為自己喜歡的人、想做的事努力、奮鬥、拚搏。但同時，你也得清醒而理智地明白：有些事情，你再努力也沒用。

你嚮往成功，但也要勇敢接受失敗。

有的人無論多用功都無法成績優秀，內心的痛苦只有他自己知道，而家長老師總是說「你還是不夠努力」；長大後，你無論多努力都追不到喜歡的那個女孩，用盡愛情三十六計，最後卻只能痛苦地在深夜醉酒後高唱「那麼愛妳為什麼」；你工作很努力，可有些客戶就是談不攏，有些機會就是沒有落到你頭上……

努力是你應該的。

而成功，卻未必是你能得到的獎賞。

小佳是我認識的最深情的女孩。她用了十年，才走出一段「很努力的感情」。

她曾用自己所有的心思喜歡一個學長，所謂「一見楊過誤終身」，從二十歲開始，她眼裡只有他，看不到其他人。

為了他，她加入並不擅長的社團，只能各種打雜跑腿，看他和其他人一起談笑風生也覺得很開心；選修各種有他的課程，為他占座位，買早餐和宵夜；穿衣打扮髮型說話，很努力地靠近他喜歡的那類女孩Style；跳槽好幾次，目的就為離他公司近一點，多次製造偶遇的機會……她真的很努力了，很努力地喜歡他，也希望得到他的喜歡。

但學長從未給過她任何機會，不單獨跟她接觸，甚至明確地告訴她「我們不可能」。他交過兩個女朋友，畢業兩年多就結婚了——即便如此，都沒有阻止小佳瘋狂熱烈的愛。

人人都說她傻，她卻總檢討是因為自己不夠努力。所以，每次學長拒絕她、疏遠她，都沒有讓她放棄，反而激起她更多的努力——她工作很拚，優秀出色，薪水很高，生活優渥，她覺得只有這麼優秀才能跟男神比肩而立。

但這一切對學長來說並沒有什麼意義。

三十歲生日，她只邀請了學長一個人，但他送上禮物之後只說了一句話：「我妻子懷孕了，我要早點回家陪她。如果妳繼續這樣，我們可能連朋友都做不成。」

小佳在那一天終於決定接受失敗：「我愛上了一個不可能愛我的人，我再努力也沒用。」

這是她的一次失敗，也是一次新的人生機會。

這幾年，她依然單身，但不再逼自己，也不再怨天尤人。她說只是還沒有遇到一個心動的人，僅此而已。

多年前的某天，從前的一位男同學突然聯絡我，請我幫他打聽某個單位的電話，想要知道自己的女朋友是否在那裡工作。

他在電話那端百般沮喪地說，她家人不同意他們在一起，所以她離開了他們所在的城市，切斷了所有的連繫，他輾轉打聽到她如今的公司……簡單幾句話，我聽得揪心又難受。

她主動放棄了這份愛情，而他還在努力，但他的努力，在此時變得好蒼白、好可憐。

幾年之後，我再聽到他的消息，果然沒有跟那個「消失的情人」在一起，而是娶妻生子，有了另一番面目的人生。

有些努力，很有可能把我們變成一個悲劇，讓我們拚了命地去付出、去投入、去焦慮，最後的最後，把我們變成了「沮喪的奮鬥者」，由內而外地散發出「我已經很努力了，為什麼我還是一個Loser」的氣息，這很可怕。

這種人不是渾身充滿戾氣，就是自帶「雖然我沒有成功但你知道我有多努力嗎」的光環，很難相處。

這種努力，還不如痛快認輸重新來過，這才是真正的勇士。

別怕，一切可能沒你想的那麼糟糕

一切可能沒有你想的那麼糟糕，而到最後，你的境地有時還允許你變得更好一點。

六七歲時，我跟妹妹在外面玩，妹妹掉進了一個枯井裡，我嚇得要死，當時心想這回一定會被爸媽揍死吧？驚慌失措間喊人幫忙，大人們找了繩子和筐子，放到井裡，讓胖嘟嘟的妹妹爬進去，把她給吊了出來。幸好，枯井不深，她竟然毫髮無傷，我也大大地鬆了一口氣。

上小學後，總是聽父母念叨「沒錢了沒錢了」，好像爸爸的薪水總是撐不到月底，而我們馬上就要去喝西北風。他們念叨的那幾天，我都會特別小心謹慎，哪怕是需要買文具這樣的正常開銷都不敢提出來，生怕一塊錢就會導致經濟崩潰。以至於有一天我媽從外面買了什麼東西回來，我心裡頓時有很大的疑問：不是沒錢了嗎？

考高中之前我想著，若是我考不上好點的高中，不但會令父母失望，我自己也會沮喪得活不下去吧？結果，我就真的沒有考上不錯的高中，而且是兩次！父母失望是真的，我自己卻並沒有真的想要去死，沮喪了幾天，灰暗了幾天，消沉了幾天，去了那所三流高中，很快就又活蹦亂跳起來，成了一個年輕鮮活的人，又開始憧憬未來。

也不是真的沒心沒肺。總得過下去啊。把眼下的自己擺平，哪怕是側側身通過一條狹窄悠長的路，只要能夠走出最痛苦、尷尬、鬱悶、消沉的境地，前面一切就都好了。

談戀愛的時候，有一次因為小事吵架，我獨自回了學校宿舍，關上陽臺門，號啕大哭。心想，這次是沒辦法挽救了，傷心透了，一定是要分手的！過了一會兒，他發簡訊打電話來，道歉，解釋，於是又和好，好像剛才的決心和崩潰都是表演給別人看的。

考駕照的時候，咬緊牙關把所有規定動作做好，車停在了路邊，只等著坐在車上的考官打及格了，一高興，忘了熄火。然後？當然是不及格。我站在車旁，整個人都是麻木的，覺得自己之前所有的努力都付諸東流，考試都通不過還有什麼意義呢？想死的心都有。心情灰暗地躺了兩天。

過了幾週，又去練一次路考，嘰嘰喳喳地跟新一批學員聊天開玩笑，等待下一次考試。

有時候覺得崩潰好容易啊。

從前覺得崩潰可以讓眼前的一切都灰飛煙滅，讓事情變得不可收拾。

長大後才發現，崩潰不過是為了把那些自己解決不了的情緒，那些委屈、憤懣、痛苦、煩惱，用一種讓別人看到的方法表達出來。然而對於改善事情而言，並沒有什麼用處。

小時候，我就目睹過崩潰的「威力」，街上的嬸嬸大媽，無論是跟丈夫吵架，或者跟鄰居鬧矛盾，先是伶牙俐齒地叫罵，然後就是崩潰，坐在地上號啕，拍著大腿一邊數落一邊痛哭。

長大之後，我倒是非常在意情緒失控這件事，不能讓崩潰發生，因為那不是真正的「不破不立」，只是對情緒肆無忌憚的宣洩，把自己的底線一再放低，讓自己以為情緒的宣洩可以解決問題，而事實並非如此。

有段日子經歷著跌宕起伏的事情，情緒湧動的時候，悶悶的，覺得特別不真實。身在其中，倒是發現了一個有趣的事情：**每次你以為自己要崩潰了，生活要崩塌了，一切都要毀壞的時候，卻都又能找到一條小小的路，彎彎曲曲地走出來，搖搖欲墜的心房最終沒有成為廢墟，而你在走出泥潭之後，發現自己居然安然無恙。**

一切可能沒有你想的那麼糟糕，而到最後，你的境地有時還允許你變得更好一點。

心情不好的那幾天，反覆在聽那首老歌〈你的樣子〉。

有時候想著，我們每個人，都像是在逆風行走，有時候還算順利走得快一點，有時候則是舉步維艱。

可無論如何，也只能是繼續走。

幸福的人，並不是因為他們沒有遇到過困難或者麻煩，而是遇到之後積極地去解決、去化解；而不幸的人，也並非是他們遭遇的苦難就比別人多，其中有很多人，是過於誇大了自己的不幸，或者任由自己崩潰，讓事情一發不可收拾給別人看，自己也就尷尬得難以收場。

這世界，浩浩蕩蕩，天地茫茫，到底我們會在這世界刻畫下什麼樣的自己呢？

大概只有自己清楚。

但願我們每個人都能是「瀟灑的你，把心事化進塵緣中」。

人生一定不如你想像的那麼美好

當人生不如你想像的，你不過是把雙腳落到實地上，接受現實，然後繼續去做自己能做出的最大努力而已。

我先生總說我是「過於樂觀主義的人」，雖然我對「過於」兩個字存疑，但是不得不承認，我的確是樂觀主義者。

很多時候，當一件事情才剛剛開始，我就會有各種各樣的暢想，而且會想像得過於美好，就好像，剛寫下第一行字，就看到自己寫下的是無比精彩的巨著一樣，然後就會樂不可支地寫下去。

我在生活中的許多時候都是這樣的。得益於此，大部分時候我活得興致勃勃，因為我總是相信前面的路很好走，陽光一片。

開始一個項目之前，我會相信，這個項目會很讚；剛剛跟一個人交往的時候，我會看到他性格中的各種優點，興沖沖地跟他做朋友。總之，在一件事的開頭時，我總是充滿著特別美好的幻想。

而人生當然不是這樣的。

幾乎所有的事情都有各種跌宕起伏、五花八門的糾纏，甚至有許多看著是走向光明大道的事情，過程中也是充滿荊棘陷阱，或者枯燥不堪。

沒錯，人生不如我們想像的那麼好，甚至很糟糕。

我曾把大學生活幻想得如夢似幻，跟偶像劇裡看到的那般。事實上，剛開學的軍訓就幾乎把我搞抑鬱了，每天都在想「我要不要回去復讀重新參加高考」。

怎麼辦？

當你真正沉入谷底的時候，就會慢慢去調整自己的期待值，就會知道原來本來的面目是這樣的，原來沒有那麼多天花亂墜啊。

我曾經以為我會在大學裡表現得很出色。真實的情況是，我是個普通到不起眼的女生，周圍全是比自己優秀出色的人。

這需要一個過程，然後你就會慢慢接受自己的普通。當然也會消沉、會難過，甚至痛苦。但是當你看到生活真實的樣子，當你知道自己不過是最普通的一個人，那麼你要沉淪嗎？

不是。

你還可以做最普通的事情——喜歡的事情，能做的事情，去圖書館看看書，去半工半讀，或在網路上寫寫文章。你成不了人群中閃耀的那一個，至少你可以嘗試著，去成為一個自己不會討厭的人。

這很重要。

接受自己是個普通人，接受人生並不是那麼一帆風順，對我而言意義非常重大。某種程度上來說，正是因為我接受了真實的自己，才逐漸能夠成為我自己，而不是假裝自己多麼出色優秀，不勉強去「實現」父母高不可及的期待，不迎合別人的要求與設想。

「人生總是會有一些很艱難的時刻。」——英劇《福斯特醫生》中，女主角這樣告訴自己的兒子。對於有些人生經歷的人而言，這是一句在心中咬牙切齒的話，而我們的臉上，依然是風輕雲淡。

人生在世，終究有太多牽絆，各種力量，互相裹挾，相互推動，有時候，會把我們推到無路可走的境地。

工作的焦慮、內心的落差、父母的期待、環境的壓力……別人說出來總是「有什麼大不了」，可是一點點滲透到我們的心裡，就累積成萬斤重擔。

朋友說：「妳不如寫一寫，若是人生不如妳想像的那麼好，該怎麼辦？」

這有什麼值得可寫的呢，我們的人生難道不是一直都如此嗎？幾乎，我們每個人的人生，都不如想像的那麼好啊。

我們出生在普通家庭，學習不錯但沒能進入一流大學，談了一兩場戀愛但是很愛的那個人最終還是錯過了，踏入社會打算大展身手最終卻在一份工作裡維繫溫飽，組建了家庭眼看著愛情慢慢被生活的潮水沖淡，而親情是每天的碎碎念，偶爾還有各種各樣的壓力接踵而至……

我們常開玩笑說「人生圓滿了」，可是我們知道，根本沒有所謂的圓滿。

在生活裡摸爬滾打越久，你就會越明白，人生終究是不可能盡如人願的。

甚至，你活得越久，你會越明白，人生是在不斷的失望之中，尋找一點希望，像是在夾縫裡尋找光明，像是在黑夜中尋找星星。

因為，有生老病死，有緣起緣滅，有開心就會有失落，有歡喜就會有悲傷，我們總是期待一切順利，又總是要去接受「壞的事情也會發生」這樣的現實。

不是嗎？

「那你為什麼還要做一個傻乎乎的樂觀主義者？」我問自己。

性格使然之外，最要緊的是，我會在每一件事情開始之前，點燃希望之火，以我的想像我的樂觀去充滿力量，去努力，去爭取，去加油。

因為我熱愛生活，熱愛我自己，熱愛將要開始做的那些事情，所以我不放棄任何一點希望，哪怕我知道自己多平凡普通，哪怕我知道這一路多麼艱難顛簸，我也不怕。

我的心有力量。我能期待美好的未來，也能承受失落的後果。當人生不如你想像的，你不過是把雙腳落到實地上，接受現實，然後繼續去做你能做出的最大努力而已。

過度拚搏的人，不會幸福

生命的價值，除了用金錢和地位來衡量，更為重要的，是你的幸福感，以及給周圍人帶來的快樂和價值。

「偽雞湯」流行的年代裡，總是有一些令人啼笑皆非的「勵志故事」充斥左右，譬如我在朋友圈裡不止一次看過的這一段不知是否真實的話——

孫儷面對媒體採訪說道：「除了拍《玉觀音》休息三個月之外，十年來，我幾乎沒有休息過一天！」十年的付出，換來身價暴漲：《玉觀音》片酬五千元人民幣一集，《甄嬛傳》片酬三十萬，《芈月傳》片酬漲到八十五萬，出道十年身價漲了近一百七十倍。如此看來人生有兩條路可以走：要麼吃苦十年，精彩五十年；要麼安逸十年，吃苦五十年！要過什麼樣的人生，你自己選擇！——致敬所有在路上的人們！

我看得連連皺眉。

語法問題就先不糾纏了，令我如鯁在喉的是，這段話傳達出來的錯誤資訊：你要努力要奮鬥要拚搏要上進要功成名就笑傲江湖，就要放下所有的興趣愛好樂趣甚至家庭生活和休息，要不眠不休，否則嘛，後果你是知道的——安逸十年，吃苦五十年。

這種看似鼓勵你努力拚搏，實則是毫無邏輯甚至本末倒置的毒雞湯啊。

努力，勤奮，當然重要，也是我們從小到大被灌輸和教育的。上學時，我們羨慕天資聰穎無師自通的天才，也很崇拜心思沉靜努力學習的同學；工作後，人事繁多，魚龍混雜，但沒人會不欣賞勤奮上進的職員；更不要提戀愛結婚找對象，一個勤奮上進的人，一定會被加分。

但還有一件很重要的事，常常被忽略，很少被重視——「努力過了頭」，並不是好事。

任何一個行業或者階層的人，如果沉溺於過度加班，過度拚搏，放棄家庭生活，放棄業餘時間乃至放棄自我，都不是值得肯定和炫耀的事情，而是一種悲哀。

我們生而為人，應該也值得擁有真正的快樂，不僅僅是工作，不僅僅是事業的成功、金錢的累積以及身價的暴漲。工作，為生活提供物質基礎，讓我們衣食無憂，實現自我價值，在社會有立錐之地，讓我們獲得認同和成就感。而生活，遠遠不止這些啊。有甜蜜溫馨的小時刻，有去看看大千世界繽紛多姿的願望，有綿長溫暖的親情、愛情與友情，還有多姿多彩的興趣愛好……很多很多。

如果把一個人的幸福，僅僅局限在工作的成功、事業的發達和金錢的累積上，這是何其悲哀的一件事。如同《魔戒》裡特別熱愛金子的咕嚕啊，終其一生就是在搶奪金子，占有金子，守護金子，如此淺薄而無趣。

你們的身邊，一定也有許多工作狂。

我的朋友小全單身時每天工作超過十小時，幾乎沒有休息日，除了同事沒有什麼朋友，私人社交接近為零。甚至我們都不相信他還有時間戀愛，但好歹遇到了喜歡的女孩，結婚生子，卻依然極忙，幸好有個勤快能幹的妻子，把家庭照顧得很好，他就更理所當然地拚搏了。

這樣的人喜歡皺著眉頭說：「哎呀，我得多賺點錢，趁著年輕好好打拚啊。」而他們的家人也是皺著眉頭的。

有位朋友提起丈夫就氣不打一處來：「一年到頭在家裡吃飯的次數兩隻手就能數過來，孩子跟他一點都不親近，週末人家都是一家三口出去玩，我卻經常被當成單親媽媽……他總說是為了孩子，真要是為了孩子，能不能不要這麼拚，留一點時間給我們不行嗎？」

環顧左右，這種工作狂數不勝數。

他們加班出差，努力奮鬥，說是為了家庭為了子女，可是他們卻缺失了孩子的成長，很少跟家人吃一餐飯，他們可以讓太太做全職主婦不必工作，卻根本沒有時間陪她說說話，表達愛意的方式是給她一張卡讓她任性花，彷彿這就可以代替全部感情的表達，代替擁抱，代替微笑，代替那些帶有溫度的關懷。

這就是你給家人的幸福嗎？

他們反問我：「不是嗎？」

當然不是。

曾有剛踏足職場的女孩向我傾吐她的苦惱，她說非常厭惡自己。

彼時，她剛剛踏入社會，急於升職，急於出頭，急於獲得周圍人的認可，想要站穩腳跟。她很努力、很拚搏，幾乎把所有時間貢獻給工作了。同時，她還學會了鑽營，學會了看人眼色，聽得懂話外之音……這都是努力的一部分。

她說起這些時，表情滿是嘲弄和厭惡。

她說：「我真的已經很拚了，可是，我也真的不開心。我沒有朋友，在公司的感覺也很微妙，我沒有自己的時間和空間，升了職也沒人一起慶祝，覺得自己越來越僵硬，像是一臺機器……我經常在想：這真的是我想要的生活嗎？我這麼拚有意義嗎？」

我懂那種感覺。

現在很流行的換算方式是——付出就要看到回報，否則再拚都是白費。簡言之，就是功利心，相對於生活而言，工作當然更能夠看到「實質的回報」，你加班就好，出差就好，拚命就好，把自己淹沒在事務中就好。

可是當你獲得了那些回報，卻發現自己失去了生活，沒有朋友，甚至沒有自我時，那種深深的失落感，又會緊緊包圍著你，讓你喘不過氣來。

生命的價值，是不能這麼計算的。除了用金錢和地位來衡量，更為重要的，是你的幸福感，以及給周圍人帶來的快樂和價值。

一個人將所有時間和精力都投入工作，孜孜不倦只顧著賺錢，篤信「我為了家庭要不停拚搏」，談什麼幸福，談什麼家庭？你自己過得那麼慘兮兮，還怎麼帶給家人幸福呢？你不幸福，你家人會因為你而幸福嗎？

說到底，是自私啊。自私地將自己從家庭生活中剝離出來，去奮力滿足自己對於物質與地位無止境的欲望又不肯承認，卻說「我是在為了家庭奮鬥啊」。

這是對家人殘忍，也是對自己的殘忍。殘忍地把自己變成了生活之外的存在，不去享受，而是踐踏。

我不要你三百六十五天每天都眉頭緊鎖，我不要夜半醒來看到你在電腦前凝神，我不要你的手指被香菸熏黑，卻還要靠一杯接一杯的咖啡來提神，我不要你工作得停不下腳步，連一次休假都捨不得給自己，我不要你永遠錯過那些孩子成長的快樂時光，我不要你……

是的，我不要你那麼拚——這是多少人想說，或者真的說過卻總是被當作耳邊風的真心話啊。

而這，才是真正愛你的人，才是真正的心疼啊。

最好的生活，就是「我願意」

全身心沉浸在自己喜歡的事情裡，一切困難都不以為意，一切簡陋都不值一提，一切付出都心甘情願。

克萊德父母的家在一棟建於二十世紀九〇年代的樓房裡，遇到「極寒」天氣的時候，我們全都窩在這裡冬眠。

白天，我們分散在不同的房間裡——我在臥室寫文章，小朋友有屬於自己的樂園，克萊德先生在另一個房間裡看資料，公婆上班下班，來來去去。

到了晚上，大家要各自休息，而我還想再寫一會兒文章，就瞄上了餐廳——這是個很獨立的空間，門一關，安靜極了，不被打擾，也不會妨礙別人。

我把餐桌擦乾淨，拖到暖氣口旁邊，電腦和本子拿過來，喝著茶碼字。因為靠近背陰的陽臺，很冷，我穿了好幾層衣服。第二天晚上，拿了一臺電暖器過來，寫到精神抖擻，凌晨一點才去睡。

因為全身心沉浸在自己喜歡的事情裡，一切困難都不以為意，一切簡陋都不值一提，一切付出都心甘情願。

那臺電暖器，是二〇〇五年買的，用了十多年。彼時，我和克萊德先生在外租房子住，那是一棟很老的房子，光線不好，浴室小得轉不開身，臥室向陽，而客廳見不到光，幾乎沒用過。

優點當然也有，上班很近，二樓，窗外是青蔥的大樹，早晨醒來的時候陽光穿過樹葉照進來，很美好。

春夏秋都還好，唯獨冬天，沒有暖氣，初冬時就已經凍得受不了，我去超市抱了一臺電暖器回來。

我到現在還記得，在那所小房子裡的許多片段——我們一起看過DVD《金枝慾孽》、《愛情是什麼》，我穿著棉睡衣，兩個人就挨挨擠擠地湊在電暖器前取暖，也不覺得苦。

他把一臺老式筆電搬過來，速度特別慢，很難用，我偶爾會用它碼字，寫不出什麼名堂，但是想寫。

那間房子我們租了一年，每月的房租恰好是我一個月的薪水，可想而知日子過得多麼捉襟見肘，但也沒覺得苦。天氣晴好的夜晚，還挽著手在樓下散步，偶爾溜去斜對面的米線店吃份米線都很開心。

我甚至邀請過要好的同事來吃飯，做了拿手的幾道菜……現在想，她們看到那麼簡陋的環境該多驚訝啊，我忙來忙去完全沒有在意，家裡除了床甚至沒有可以坐的地方——我買了很多那種軟墊，鋪在地上，當作地板，平時也就坐在上面。

我想要什麼樣的生活？

我從來都想不出非常具體的——住在什麼樣的房子裡，開什麼樣的車，要買什麼品牌的東西。從來都想不到非常具體的樣子。

而我能夠想像到最完美的生活，無非就是，內心安頓，為之付出，不以為苦。

我一直相信自己有改變生活的能力，或者說，改變環境讓它變成自己喜歡的樣子的能力。

最終雖然沒有實現年少時的夢想，進入電臺做一名主播，卻一直堅持寫字，並且走上這條路；婆家那張斑駁陸離的餐桌，只要擦乾淨鋪上桌布就可以變成寫字的方寸空間，自己也會很開心；哪怕是這處寫滿了時光印記的餐廳，我也可以安靜地坐下來，假裝它是一間書房。

深夜時，克萊德先生去餐廳「探望」我，我開心地指給他看：「我的書房是不是很棒？」

整個春節假期，我們兩個都在這間特別的書房裡，我寫字，他學習，到深夜時打著哈欠，再回到溫暖的臥室裡。

有天臨睡前，他半夢半醒地說：「我們今年弄新房子的時候，好好裝修一間妳最喜歡的書房……」

我覺得最好的生活就是這樣啊。

有能力的時候去實現你最好的想法，時機尚未成熟，就去改變你的環境、心態和眼光。

不要把過多的時間和精力拿去抱怨、委屈和痛苦，而是尋找自己喜歡的事，去奮鬥，去堅持。

當你甘願為之付出的時候，就是最好的生活，最幸福的狀態。

傾你所能去改變生活，而不是任憑生活改變自己

靜下來，我們會清晰地看到自己想要的生活，知道自己想要成為什麼樣的人，找到方向，披荊斬棘地開拓出自己的路，走下去。

大雪突襲過的城市，除了銀裝素裹之外，還有泥濘的馬路、壅堵的車流、凍僵的面孔以及不知什麼時候變成黑白色的樹。

我背著包和一群人過馬路，穿校服的女生蹦蹦跳跳，被差點蹭到的騎電動機車的女人怒斥，有上班族裹緊外套匆忙走過，有中年男子伸出胳膊給情人攙扶，兩個人肩膀挨在一起走過路口，我一轉頭時，看到某輛車裡閃過的平淡面孔。

這就是生活。

有那麼美的冰天雪地，有無聲飄落的雪花，有興奮歡樂的青春，也有匆忙苛責的成年人世界，有泥濘到不忍直視的馬路……每個人都帶著自己的心事，在同一片天空下，走在自己的人生裡。

當你長大，你可能會對生活中遇到的某些事情產生一些情緒——反感、厭惡，甚至

逃避。

當你發現並不是所有人都像你想的那麼熱情、單純、直接、真誠，這其中，甚至包括你寄予厚望期待可以成為好朋友的那些人。你很努力去做一件事情，可是總會遇到困難和波折，甚至是被人為製造的難題擋住去路。你猛然回頭，發現自己在不經意間錯過了深愛的人，走進了一段不那麼甘心卻又很難抽離的感情。抑或，和你一起生活的那個人，漸行漸遠，甚至變成了冷漠的路人甲……

我們懷抱著無限的熱情成長，投入到嶄新的人生裡，以為要開始一段輝煌之旅，開始寫滿幸福的人生，可這一路上卻陸陸續續甚至劈頭蓋臉地遭遇這樣那樣的事情，每當這時候，灰心喪氣、反感沮喪，以及逃避厭惡都是在所難免。

在踏入一條河流之前，你真的無法判斷河水有多深，是否會有危險，甚至當你遇到一些問題，能不能安全上岸，都是未知數。

家庭、工作、情人、孩子、朋友、同事……我們認識那麼多人，經歷那麼多事，林林總總，會聚成我們的生活。

而這其中，有很多不受我們控制的因素，在生活裡驟然降臨，以強硬的態度讓你不得不面對，甚至不得不接受。家庭關係的動盪、工作環境的變化、行業的起伏與沒落、朋友的親疏遠近，太多太多。有一天你突然發現，你的生活根本不只有早晨的太陽、黃昏的晚霞，不只有一日三餐以及溫暖的笑臉，而你像是一個小人兒站在一股洪流之中時，你是否也有無力的感覺？

我有。

偶爾，我看微信的開機畫面時，真的會有一種強烈的渺小而孤獨的感覺。

我們每個人都是那麼小小的一個，面對的卻是龐然大物，工作、家庭、社會，更不要提人與人之間複雜的人際關係與感情。

大多數時候，還是會給自己打氣。

在覺得無力把握生活的時候，在疲憊的時候，在明白許多事情不盡如人意的時候，在知道感情並非那麼真誠熱烈的時候……還是要短暫地休息，然後給自己打打氣：「我要在生活中變成更好的自己，而不是被生活變成我不想要的樣子。」

學會去遠離厭惡的人和事，永遠不使用自己鄙視的方法達成目的，盡可能地做成事情但失敗也不過多苛責自己，不讓自己因為環境泥濘就放任自流，而是傾盡所能去改變小環境，給自己一個舒適的姿勢，在生活的河流裡安靜前行。

你一定也可以。

哪怕是在焦頭爛額的日子裡，不歇斯底里，不滿心怨氣，而是坐下來，安靜一會兒，給自己一點休息的時間，也是好的。

安靜下來，你可以把事情看得更透澈，做事情更理性，你不會盲目而混亂，不會急功近利慌不擇路。你會解決問題，而不僅僅是應對問題。

安靜下來。

靜也是一種力量。

有時候我們面對著誘惑、壓力、痛苦、衝擊，更需要靜下來。

靜下來，我們會清晰地看到自己想要的生活，知道自己想要成為什麼樣的人，找到方向，披荊斬棘地開拓出自己的路，走下去。

願你能夠傾盡所能地去改變生活。

而不是，被生活改變成自己不喜歡的樣子。

把生活過得易如反掌才是真本事

能夠把生活過得易如反掌的人，像是具備一種超能力，這也意味著他對自己的生活有很強的掌控力，能夠過濾痛苦，解決難題，張弛有度，遊刃有餘。

看到我年過三十卻依然興沖沖地對很多事情抱有異想天開的念頭時，克萊德先生終於忍不住出手提醒我：「妳不要總是以為生活很容易！」

我總是忍不住哈哈大笑起來。

嗨，這根本就是老生常談好嗎，誰說過生活容易？

「人生艱難，生活不易」，幾乎所有成年人試圖灌輸給我們的概念，你一定也跟我一樣，從小到大聽說過無數次吧？甚至，你可能也在不知不覺中跟比自己年輕的人或者跟自己的孩子，這樣說起吧？

在我們最無憂無慮的時候，大人們總是會嘆口氣說：「長大了你就知道了，生活多麼不容易，不是你嘻嘻哈哈就能應付的！」等我們進入社會，前輩們會滿腹憂慮地提醒：「等你經歷了就會知道，現實很殘酷，世界比你想像的要複雜得多。」噢，更不要提那些隨處可見的愁容滿面的婦人，她們幾乎會向每一個認識的人哀嘆自己的日子多麼艱難、丈夫多麼平庸而孩子又是多麼不聽話，「能熬一天是一天」是她們常用的結束語。當然也有唉聲嘆氣的男人們，他們說「今年錢不好賺啊」，每年都在感慨同樣一句話，十年如一日彷彿日子從未好轉過……就好像，說自己日子很難、過得特別勉強就能得到表彰似的，那麼多人爭先恐後，就想讓你知道他多不容易，甚至很淒慘。

生活真的特別難嗎？對我們大部分普通人而言，生活在平靜之中暗藏的難題，不外乎經濟上的捉襟見肘、感情的錯綜複雜、家庭成員關係的盤根錯節，還有偶爾會遇到的意外挫折和打擊，但誰的人生不是如此呢？

「摁下葫蘆起了瓢」，這句俗語大致可以形容我們普羅大眾的生活日常了，總是有些事情需要我們去操心，去奔忙，去勞碌。

說真的，把生活過得不容易好像是司空見慣的，因為每個人都會遇到難題，每個家庭都有自己不能說的隱痛，嘮叨、抱怨甚至放棄在生活中享受短暫的小開心，這並不是一件值得炫耀的事。

真正有本事的，是那些把生活過得易如反掌的人，不是嗎？

兒時，有一位鄰家嬸嬸，還真是跟周圍那些動輒叫苦連天的人不一樣。

她的家庭條件也不算好，夫妻兩個人辛苦勞作但也賺不到多少錢，有個年紀跟我相仿的兒子。之前大概因為各種事情欠了些外債，總之日子過得很緊巴，勉強度日而已。

但是她從來不像街上那些動輒抱怨公婆埋怨丈夫逮著誰都大倒苦水的婦人一樣，相反，無論何時見到她，總能看到她臉上那一抹和煦平靜的微笑。她很能幹，家務農活樣樣拿手，農閒時還四處打零工補貼家用；住在老房子裡，家裡黑洞洞的，沒有幾樣像樣的家具，但她收拾得乾淨整潔，是個溫馨的三口小家；她的手很巧，會做各種複雜漂亮的麵食，逢年過節她就做成各種小動物，唯妙唯肖，過年時做小刺蝟，清明時捏小燕子，一大早就笑呵呵地給我們送來幾個……

甚至，在她罹患癌症的那幾年裡，她也未讓自己陷入絕望鬱鬱之中，一邊積極配合治療，一邊仍舊把小家庭的生活打理好。未來可能很渺茫，可是生活總是要繼續，她臉上的微笑從未消失過，這真的是一個非常有力量的女人啊。

你在她的身旁，感受不到歲月的苦難、生活的淒慘，以及那些不順的經歷積累下來的種種負能量。她用自己對生活的理解和熱愛，透過努力和隱忍來對抗那些「不容易」，讓生活在她面前變得風輕雲淡，變得沒有那麼面目猙獰。

正是她這樣的人教會我，生活中總是會遇到難題，但是只要你敢去面對，就沒有什麼可怕的。

看電影《高年級實習生》中，七十歲的老實習生談起自己曾經相伴四十年的妻子時，滿是思念和崇拜的口吻，他說：「從我二十歲遇見她，她就從未變過，生活對於她好像總是特別容易。」他的笑容裡是驕傲，更是讚美。

的確，能夠把生活過得易如反掌的人，像是具備一種超能力，這也意味著他對自己的生活有很強的掌控力，能夠過濾痛苦，解決難題，張弛有度，遊刃有餘，這樣的人不但能夠自己過得搖曳生姿，也會給周圍的人帶來如沐春風的快樂，他們有本事把平淡或艱難的日子過得有滋有味，充滿著小確幸。

誰的人生是真正容易的呢？

每個人都會遇到不盡如人意的人或事，有的人把那些不如意變成了生活中的聖母峰，捶胸頓足，慨嘆命運不公，日漸消沉在以艱難營造的痛苦中；而有些人，能想到辦法就解決，想不到辦法就接受，繞路而行，他們不把這些歸結為命運不公，他們只相信生活還會繼續。

生活並沒有什麼真正可怕的地方，量力而行，盡力而為，剩下的盡情快樂就好。

剛獨立生活的那兩年，我們過得十分窘困，新房子要裝修，但我們手裡所有的錢加起來不到三萬塊，面對著空蕩蕩的毛坯房，怎麼辦？

於是，我們每個週末都去家居商場閒晃，留心每一個打折的品牌，看到有「樣品特價」就一頭扎進去，挑選適合我們的東西，小心謹慎地算計著每一筆支出。

用幾個月時間把房子弄成喜歡的樣子，每一個來過的朋友都說還不錯啊，簡潔大方、溫馨宜人，但鮮少有人能猜到，幾乎所有的家具都是樣品打折買回來的。甚至，在只有幾十塊錢卻要應付一週的日子裡，我也沒覺得生活多麼不容易，相反，我們倆很興奮，覺得自己花最少的錢裝修了一個喜歡的家，特別幸福。

以灑狗血的方式來消極應對生活，看上去好像更容易一點，譬如日子過得稍微艱難一點，就再也懶得收拾家裡，任它亂成一團像個狗窩；譬如跟家人稍微有點衝突，就抱怨這埋怨那甚至破罐子破摔不去溝通交流，任由關係成為一團亂麻……覺得生活很難，日子難熬，又或者覺得自己人生特別辛酸的人，大都是過於誇大了困難，而漸漸斬斷了自己解決問題的能量。

沒有一種生活是真正「易如反掌」的，能夠把生活過得輕鬆、容易的人，往往是因為他們有很強大的正能量，他們能夠把生活中許多事情化繁為簡，能夠在樸素裡尋找溫暖，能夠把艱難變得容易，能夠給問題找到答案，甚至能夠把難題變成機會。

生活大概也欺軟怕硬吧，它從來不會放過任何一個內心軟弱、沒有主見、喜歡推卸責任的人，它會給他們增加更多的麻煩，製造更多的困難。但它卻真的害怕那些不把它當回事的人，因為他們總是有辦法將它製造的難題解決掉，哪怕再艱難的日子也能嘴角微微上揚，因為他們不怕它，他們相信自己終將擁有幸福。

越是艱難，越應該把生活過得妙趣橫生

越是艱難的日子裡，越要讓自己過得更豐富多彩、妙趣橫生，走過這一程，你會發現「原來沒什麼大不了的啊」。

有一部美劇叫《閨蜜離婚指南》，很有趣。

女主角艾比年輕時以撰寫指導女性生活的系列書籍而成名，以閨蜜的身分教別人如何戀愛結婚養小孩……諷刺的是，現實中，她的生活在這一本本書出版的過程中，卻變得面目全非，四分五裂。

這個中年女人的生活，此時如同被白蟻啃噬過的家具，千瘡百孔，幾近轟然倒塌——她精神出軌愛上了已婚男，這導致她與丈夫分居，而後者迅速跟一個年輕貌美的女演員打得火熱；十四歲的女兒對她頗多不滿，說幾句話就可能戰火四起，不聽管教已經是家常便飯，母女倆形同仇人；幼小的兒子需要她付出更多的耐心來對待，他有個假想的小夥伴，做錯了事就推給「他」……這一切原本被遮遮掩掩，直到她喝多了酒神志不清地在新書發布會上口吐真言「我有時候恨不得我老公去死」，眾人譁然，她經營多年

的公眾形象毀於一旦。

這一次，不但婚姻生活即將解體，連全家賴以生存的她的寫作事業也危在旦夕。她的人生到了最難堪也最難熬的境地。在家裡，要面對丈夫的冷漠和女兒的針鋒相對，出門則隨時可能被路人甲乙丙指指點點：「瞧，就是她，指導別人如何生活，自己卻被生活耍了！」

按常人思維，到了如此尷尬而失敗的境地，無論出現在哪裡，都會自帶字幕，大大地寫著「我真失敗」幾個大字；大多數時候，可能就躲在家裡哭天搶地，也可能是找到閨蜜或者親媽，大吐苦水：「我怎麼這麼倒楣啊」、「上天為什麼這麼對我，憑什麼啊」……

但艾比沒有。

既然在生活圈子裡總是被指指點點，那麼就暫時離開好了。她和閨蜜去了拉斯維加斯散心，穿著漂亮的裙子，賭點小錢，喝點小酒。在飯店大廳，她碰到一個相熟的記者，對方問她：「妳過得怎麼樣？」

艾比用自嘲的口吻笑著說：「自從崩潰之後，我的生活正妙趣橫生呢！」

哈，真有意思，是不是？但她說得沒錯。

她跟閨蜜們傾訴煩惱，但不是一把鼻涕一把淚，而是喝酒聊天耍賴調笑；她一如既往地關心兒女，絞盡腦汁地跟青春期的女兒搞好關係，而不是以自己的生活陷入危機為藉口就放下兒女的教育；她嘗試著跟丈夫更平靜地溝通，儘管是以離婚為目的在談財產分配，但他們身為孩子父母的身分永遠不會變，更不要提他們曾經相愛十幾年，所以體面的分手無論對他們還是對孩子都是正確選擇；她嘗試著約會，遇到了一個比她小二十多歲卻對她情有獨鍾的小帥哥……

她的生活不完美，甚至時常出現抓狂、失控的場景，但真的，妙趣橫生，一點都不枯燥，更不是陷入泥坑後的灰頭土臉。

沒有一帆風順的人生。

每個人的生命中，總會遇到挫折、痛苦和磨難，無論是腰纏萬貫的富二代，還是一無所有的奮鬥者，更不要提那些皺紋裡寫滿了故事的白髮老人，只是表現形式不盡相同罷了。

有的人可能經歷過晦澀缺愛的童年，有的人在青春年少時曾遭遇難以言明的痛苦，還有的人是在事業上遭到挫敗，有些人則是在愛情的天空裡被折斷了翅膀……是的，總有這樣的時候，好似有一股無法預知的力量，給我們原本平靜的生活迎頭痛擊，打得我們手足無措，毫無招架之力，甚至失去了生活的力量和勇氣。

怎麼辦？痛苦輾轉，難以入眠，淚水是流不盡的，因為你總是想不通為什麼自己會這麼倒楣，為什麼會遇到這些事情。男人們會借酒澆愁，一個人喝悶酒，或者和朋友們喝得酩酊大醉……但是第二天醒來，難題依然在，一切都沒有改變。

痛苦依然在你的上空盤旋，像是禿鷲盯住了目標，打算在你懈怠、放棄的時候，隨時撲下來，享受大餐。

當遭遇挫折，遇到打擊，甚至瀕臨崩潰的時候，是否可以試著趁機放鬆一下自己，讓生活更妙趣橫生一點呢？

你要知道，痛苦像是一種麻醉劑，若是你沉溺其中，會很難脫身，尤其是非常強烈的痛苦和鬱悶，會一點一點地吞噬你，你的快樂、你的希望、你的幸福，它會在你尚未警覺的時候，把這些全都吞噬掉，只剩下無盡的委屈、難過和抑鬱。

所以才會有那麼多事業失意後鬱鬱寡歡的男人、婚姻失敗後一蹶不振的女人，以及因為偶爾成績不夠好就放棄的孩子。他們看到了痛苦猙獰的模樣，臣服於它的腳下，默認了「只能這樣了，我的生活不會再有起色了」的選項，生活果然就這樣了。

許多年前流行過的日劇《長假》就曾給我們闡述過這個觀點：當你的生活遇到了痛苦、磨難或者難以釋懷的傷痛，那麼，嘗試著給自己放個假吧，去做點別的。

就如同艾比的做法。即便是在低潮期，她也未放棄過有趣的生活，她選擇了一種更為積極的方式來面對痛苦。

一個人的精神強大，才能夠把世人認為的低潮期、痛苦期，過得妙趣橫生，才能真正地韜光養晦，休養生息，厚積薄發。

若說艾比活在劇集裡，說服力不足，那麼，李安呢？他那段長久的「失業期」，靠妻子的薪水來養家，若是沒有把平淡到失意的生活過得妙趣橫生的能力，有誰能夠支撐到多年之後才大放異彩？

他在這些別人看來失意的日子裡，從未放棄過努力，從未向失意低頭，用平和的態度來面對困難和挫折，專注於日常生活，一點點精進著自己。

若換一個人，這一定是一個非常狗血的故事——男人事業失敗，靠妻子養活，夫妻缺乏共同語言，丈夫不思進取，繼而拉開離婚大戰……這種故事在生活中太常見，所以，李安只有一個。

在艱難的時候，把日子過得有趣一點，不過是暫時放下痛苦，暫時放下委屈，暫時讓自己脫離開那些難以釋懷的情緒。

可以去旅行，去外面的世界看一看，將自己浸淫在這個廣袤世界光怪陸離的風景裡，你會發現自己那麼渺小，而那些痛苦與挫折終將遠去。只要你肯努力，總有機會重新來過。也可以專注於日常生活，跟朋友吃一頓飯，看一場電影，聊開心的話題，或者用一下午時間喝茶，讀書，聽音樂，打掃，專注於簡單的體力勞動，而不是賴在沙發上翻來覆去痛哭流涕……也可以去嘗試從未做過的事情啊，那些你一直不敢嘗試的課程，舞蹈、瑜珈、跑步，或者是英文課。趁現在，學一點東西，是不是比控訴命運不公更有用？

在平常把日子過得有趣一點，似乎不是那麼難，不過是多一點精巧的用心，那是錦上添花的事情。而在艱難的日子裡，精心打理生活，安排各種可能看起來「有悖於現在的狀況」的事情，讓生活變得充實、有趣，才是難題，但也是真正有用的，是為自己雪中送炭。

它會讓你更快走出痛苦的泥沼，讓你轉移注意力，不再哭天搶地地沉溺在「我好失敗好難過好痛苦我該怎麼辦」的情緒中，而是慢慢進入「噢，原來我可以嘗試著讓自己開心一點會更好啊」。

越是艱難的日子裡，越要讓自己過得更豐富多彩、妙趣橫生，走過這一程，你會發現「原來沒什麼大不了的啊」。原來，你比想像中更堅強、更有趣，你值得擁有更美好、更幸福的人生啊。

請讓幸福慢慢來

——慢慢長大，慢慢變好，慢慢有自己的個性，慢慢擁抱自己的人生。

小時候，總是覺得時間過得太慢。每天上學、放學、吃飯、睡覺、考試，在心底偷偷想著：到底什麼時候才能長大？

那時候，真的是特別盼望著過年啊，過年就意味著自己又大了一歲，離想像中的自由、獨立更近了一點。

那時候的我們，還不知道享受童年，享受純真，享受無憂無慮的好時光。

長大了，突然就覺得時間快得像是手中的沙，哪怕握得再緊，還是眼睜睜地看著它流下去，怎麼都擋不住，滔滔而來，漫漫而去，把我們一點一滴地變成了心中漸漸有了滄桑的自己。

年前的某天，道路特別壅堵，很長的車龍在灰白的天空下蜿蜒著，我站在街口等紅綠燈，抬頭看到大螢幕上花紅柳綠地營造著過年的氛圍，心中慨嘆：果然是真的要過年了，過年又要長一歲啊。

再也回不去小時候的心情了。

不會在日記本上寫下新一年的願望，不會偷偷地抱著一個念頭打算來年一定要怎樣怎樣，不會把明天想像得過於五彩斑斕，不會衝動地希望明天馬上到來……而是，淡淡地想著：噢，就讓一切，慢慢來吧。

讓時間慢慢來。

我們不再急於長大、變老或者成為某種樣子，因為我們已經知道，時間不會因為我們的心情而變化啊，它不疾不徐。

一直在變化的是我們的心情，是我們自己，而我們要給自己一點留白，好好想想要成為什麼樣子，要在時光的淬煉中，成為什麼樣的自己呢？

讓幸福慢慢來。

我們都在追求幸福的生活，理想的狀態，可小時候夢想著第二天醒來就變成超人的不切實際早已經被我們屏棄。我們開始學會從小事情做起，多做一點，就能朝著自己想要的幸福近一步，不急功近利，不蠅營狗苟，幸福總會來敲門，生活會善待每一個認真付出的人。

讓夢想慢慢來。

年輕時候的焦慮、徬徨、無助甚至無奈，在歲月的蕩滌中漸漸不見蹤影，從前我們總是渴望成功又害怕失敗，我們恨不得一夜之間就夢想實現春暖花開。成年之後才發現，每一個傳奇都是由努力和汗水寫就的，我們也是啊，讓夢想慢慢開花吧，只要你不放棄，只要你肯努力，你會一點一點地打造出它的樣子，你會一點一點地實現自己的夢想。

從前讀龍應台的《孩子你慢慢來》，特別感動，心裡悄悄地決定：以後在陪伴孩子的日子裡，一定要允許孩子慢慢來，慢慢長大，慢慢變好，慢慢有自己的個性，慢慢擁抱自己的人生。而在這個過程中，我們能做的就是引導、等待和接受。

想一想，我們對自己，對周圍人，對一切，都該說一句：「沒關係啊，慢慢來。」讓我們更從容地面對時間，面對夢想，面對幸福，面對自己。

只要從未放棄過努力，只要從未放棄過成為更好的自己，只要從未放棄過對夢想和幸福的追求，那有什麼好著急的呢？

安靜下來，用一顆沉靜的心，慢慢來，好好做，每一天都會有新的更美好的模樣，在你手中綻放。

一切，就從現在開始吧。然後春暖花開。

拚搏比放棄更容易

就把那些痛苦和艱難，當成是人生成長的必然經驗，去戰勝它、克服它，像戰士一樣衝上去，心無旁騖。

有個大學女生向我傾訴煩惱——她在學校寢室用吹風機，被舍監逮住，因為違反了學校規定，面臨著一系列的後果：學校的處分、可能會喪失保送研究所的資格等。她第一時間找舍監和老師認錯，但仍然忐忑不安不知會如何。

當時我想得很簡單，以為學校最多給個警告之類的就差不多吧。誰知，隔日再收到她的消息——她受到了學校的處分，記了過，保送名額和獎學金全都泡湯了。她非常沮喪地說：「三年努力都化為烏有，萬念俱灰……」

我也很難過，想到這對一個女孩子的未來影響有多巨大，也是特別感慨的。

我回覆她：「妳以後還會遇到各種各樣的困難、痛苦，這算是個教訓吧。不能保送，妳如果真想讀碩士，可以考取，再努力就是了。我知道我好像說得很容易，但是難道我們因為一些事情不如意，就要自暴自棄嗎？人生就要停留在這裡嗎？難道不能知恥而後勇嗎？」

還有一層我沒說：「如果要找工作，用人單位看的是妳的能力而不是妳漂亮與否的履歷，所以，此時的灰心喪志，也可以變成下一秒的雲開霧散，何不試試看呢？」

她說，我會加油的。

我相信她。

我們總會遇到特別艱難的時候。工作、家庭、愛情，都會有。特別難的時候，總覺得自己爬不過這座山了，覺得自己到不了成功、幸福的彼岸了，於是心中生出「不如算了」這樣的念頭。

我們總以為放棄很容易，如果有勇氣自暴自棄的話，那簡直是再簡單不過的事情吧——對自己不再有任何期待，不再去做任何努力，別人的評價也當成耳邊風，也不管以後會怎樣，只要麻木地面對眼前的難關然後默默地退下就好，對嗎？

但事實並非如此。你要知道，放棄乃至自暴自棄並不是一件容易的事。甚至，奮力一搏比它來得更容易一些。

我有位遭遇情感背叛的朋友曾每天半夜痛哭流涕，覺得自己無法撐到第二天。她白天去上班，到了晚上就無法控制，想死的心都有。

很多次她都想：「不然算了吧，我就這樣吧，不要離婚了吧，反正活著不就是一日三餐嗎，有沒有愛、是不是忠誠，有什麼關係呢？」

可是，她出差去了一趟廈門之後，突然改變了主意。回來之後很短的時間內，談好了離婚協議，搬進了單身公寓，開始了自己新的人生——工作更加拚命，做事更加勤勉，社交生活更加豐富多彩，她學烘焙學插花看話劇練瑜珈，從一個死氣沉沉情緒鬱鬱的小婦人，變成了一個充滿活力的新女性。

她再談起那段失敗的婚姻，早已不是歇斯底里滿腹怨言，而是說，那是摔了一個跟頭而已，但並沒有毀掉自己——這跟她之前痛斥前夫「毀了我一輩子」截然不同。

她說，在廈門，工作的間歇她去了鼓浪嶼。赤腳走在海灘上，她突然意識到自己很久沒有這麼自由地呼吸，沒有這麼全身心地感受自己了，也很久沒有這麼開心放鬆了。她以前把自己隱匿在了婚姻裡，所以一旦婚姻坍塌就無法存活。那天她想：「也許我可以試試看，我自己能不能活下去，能不能活得開心呢？」

所以她放手一搏，給了自己重新活得精彩的機會。

並不是所有人都會從積極的角度去考慮問題。遇到困難時，我們總習慣性地第一時間畏懼，接下來是抱怨，再接下來各種情緒交織，想要嘗試的勇氣，想要放棄的畏縮，都是再自然不過。

實際上，那些奮力一搏的人，才是選擇了一條更容易走的路。拚搏與奮鬥，未必就能成功，但是心情卻會變得無比明確、唯一，那就是：努力。

只要去努力就好，想辦法就好，試圖解決問題就好。至於結果如何，不是自己能夠控制的，成功當然皆大歡喜，失敗也無怨無悔，所以無論成敗，都是贏家。

自暴自棄卻更複雜，甚至更難。伴隨著自暴自棄的，是對自我的放逐，對追求美好念頭的打壓。一旦選擇了自暴自棄，那就只能是隨波逐流，而那些隨時冒出來的「如果我不是現在這樣的話我可能會更好」的想法，早晚會讓人抓狂。

更重要的是，內心可能每時每刻都會陡生波瀾，會痛恨自己不爭氣，會怨恨命運不公，把自己推入這樣的境地，會抱怨自己，抱怨別人，哪怕一點小事都會成為他們認為淪落至此的導火線，漸漸成了祥林嫂，多可怕！

有些事情沒有必要堅持當然可以放棄。但如果因為遇到艱難險阻就自暴自棄，甚至覺得萬念俱灰，也實在是太單純、太天真。

這一生中，還會遇到好多困難、艱險、煩惱、痛苦，你的每一次放棄，都是在失去變得更好的機會。你當然不想這樣對不對？

所以，就把那些痛苦和艱難，當成是人生成長的必然經驗，去戰勝它、克服它，像戰士一樣衝上去，心無旁騖，這真的簡單多了。

人生何處不妥協

你要認真想一想那個引起你對抗的深層原因是什麼，你要瞭解自己的需求，而不是不情願地妥協。

十六七歲的女孩跟我傾訴她的煩惱，有點「為賦新詞強說愁」，她上高二，學習緊張，高考的壓力大，偏偏還是個長得挺漂亮的女生，時常受到表白……雖然她沒有很直接地說，但我可以看到她透露出的情緒——她也很喜歡某個男生，但她又不能談戀愛，好苦惱啊。這簡直是太兩難的一件事。

她問我：「木頭姊，像妳這樣過上自己想要的生活的人，會有煩惱嗎？」

我忍不住笑了：「當然會有啊！」

人生從來都是啊，解決了大方向，還有小問題；搞定了第一個，還會有第二個，總會有各種各樣的小煩惱和小幸福填滿你的日常。

而當出現問題的時候，不能無視，要麼解決，要麼繞過去，在這個過程中，還有更多，可能是妥協。

哪有什麼真正快意的生活呢？所謂快意恩仇，只在武俠小說裡存在，而那些報仇雪恨的故事也大都會被各種情感關係和狗血故事糾纏著，並不能真的一刀斬斷，所以這世界才有那麼豐富的愛與恨，以及介於它們之間的情感色彩。

有次玩塔羅牌，我抽到的一張牌就是「妥協」。這是一個我完全沒有想到的詞。但拿到手裡，又覺得真是最合適的。這個詞不要說是當下，簡直是貫穿這些年生活中的每一個階段，哪怕有些是別人察覺不到的，而我心裡清楚得很。我們每個人又何嘗不是時時處處在妥協著呢？與生活，與戀人，與自己，與一切。

談戀愛時有個階段，我曾經非常痛苦，因為我和克萊德先生個性、想法差別極大，簡直是涇渭分明。於是常有爭吵，很痛苦也很掙扎。

到最後能夠慢慢解決問題，一是因為兩個人之間瞭解更多，彼此有了一些妥協；二則是溝通，跟對方溝通，跟自己溝通，這個過程讓我們可以慢慢放下最初那個強烈的自我，嘗試著真正接受對方。

在後來的人生中，也總會遇到類似的情況。工作也有不順心的時候，人際交往也有不愉快的瞬間，跟家人戀人之間也有覺得如鯁在喉的情形，可是又不能真的一走了之，又不能把一切都甩出去從此就不管不顧，那就是所謂的真性情嗎？

當然不是。因為珍惜，所以才會做一點妥協。

塔羅牌老師說：「妳要認真想一想那個引起妳對抗的深層原因是什麼，妳要瞭解自己的需求，而不是不情願地妥協。」我點點頭。

這兩年真有趣，當我越來越知道自己想要什麼的時候，我做出的妥協就會越多。譬如我想做成一件事情，我就不會去計較當下的碰撞與對抗，我會咬著牙解決這個困難——重要的是，我相信它一定會被解決。唯有盡力而已。

譬如我想寫一點東西，哪怕現在寫不出來，我也不再急躁。去生活，去自由，去開心，等到能寫出來的時候，自然就寫出來了。

是妥協嗎？也許是吧。但這更多是在跟自己講和，讓自己不那麼緊繃焦慮，不那麼咄咄逼人，不那麼一副要對抗世界的樣子，更加柔軟地面對世界面對別人面對自己。

這樣，好像更舒服一點，無論對誰。

妥協，不是容忍不好，而是要更多地去瞭解自己。你所表現出來的樣子，是不是你內心真正的需求，你所要去爭取去抗爭去搏鬥的那些，又是否真的是你的希望？

真有趣，有一天我開始覺得，什麼事都不是大事，只要我內心平靜、自在，就是最大的事。

我想，這樣真好。

學會愛自己，是永遠不會錯的事

也許我們這一生，會做很多錯事，做出很多錯誤的選擇，也或者，愛錯了人，走錯了路。但永遠不會錯的是，學會愛自己。

寫文章需要找配圖，我在電腦相簿裡翻照片，一下子穿越到了從前。

好多照片啊，有喝茶時拍下的小場景，有豆豆吃著蛋糕開心的模樣，有我在旅途中的剪影，也有我愛的那些花花草草留下來的永遠的美好……看著以前的自己過得這麼開心，我覺得好安慰——我一直這麼努力地幸福，這麼認真地熱愛自己、善待自己啊。

當你回顧來時路，看到的不僅是那些努力和艱難，還能看到自己的幸福、鍥而不捨的追求與熱愛，感覺實在好極了。

厭惡自己的感覺，許多人都有過吧？

青春期最盛，至少我是如此。大學之前，學習壓力很大，加上中考[11]不順，那些年總有一團淡淡的陰影籠罩在我的天空上。

那時的自我厭惡特別清晰，時常在心底拷問：妳怎麼這麼笨啊，妳怎麼考不出好成績啊，妳怎麼總是讓父母失望啊……父母師長的期望是誘因，但是對自己的認知不夠、不夠愛惜自己，才是主因。

十五六歲是最狂妄但也最容易否定自己的年紀，很多認知和判斷都是靠外界來做出的，我們甚至不懂應該愛自己多一點，告訴自己只要不放棄就可以變得更好，告訴自己現在沒有達到那些目標也沒關係……我們簡單地以為必須要成為「別人眼中最好的自己」才是成功，卻忽略了內心那個脆弱敏感的自己有時候也需要安慰和療癒。

後來，我成了學校裡眾人皆知的叛逆分子，我對自己不認可的管教根本就是置之不理，真是令老師們頭疼了一陣子啊——而我的一位同學卻在高二那年自殺離世。

儘管大部分人都沒有像我和他一樣走極端，但是從他們眼裡的焦慮、煩惱、苦惱我可以看得出，每個人都經歷過那樣的煎熬。那些懷疑自己、否定自己以及厭惡自己的煎熬。

喜歡一個人也很容易自我厭惡，尤其是當對方沒有那麼喜歡你的時候。

我曾喜歡過一個男孩，然後呢？

我認為沒有得到他足夠的關注和回應，他不喜歡我，或者沒有那麼喜歡我。於是，

---

11 中考：中國大陸的初級中等教育畢業考試。

這喜歡成了委屈的暗戀，而暗戀是最痛苦揪心也最容易讓人自我厭惡的：一定是我不夠好，所以他才不喜歡我！

自暴自棄的想法當然會一閃而過。放棄喜歡一個人非常難，但放任自己看上去很容易。慶幸的是，當時學業太重而我又好勝心很強，所以大部分精力都用在了學習上，否則就會沉淪在這段不適宜的感情裡了，變得越發自我厭惡。

有個年輕的女孩暗戀一個男孩，但沒有得到對方的回應，失望之餘開始放任自己，出入夜店，交往不同的男生，變得貪玩而輕浮，直到有一天發來很多條消息問我：「我越來越痛苦，越來越討厭自己，我該怎麼辦？」

我想，大概就是要先學會愛自己吧。

他不愛妳沒關係啊，妳還愛自己啊。如果妳都不愛自己了，誰還會愛妳呢？

每個人都會經歷一些艱難，考試失敗、工作受挫、感情波折、遭人背叛，這樣的事情發生時，一切都好像要灰飛煙滅，因為一切都沒有了意義。

「我失敗了」，所以，幸福與我無關了，快樂從此也不會再出現了，一切都沒有存在的必要了，我以後就是最失敗的人了。——抱著這樣念頭活著的人，不在少數，他們成了落魄的酒鬼、失意的路人，又或者面色暗沉的婦人。

他們讓自己過得特別不順，反正事出有因，都是因為那次的失敗——也或者那幾次的失敗，把他們打擊得體無完膚，讓他們失意消沉，這看起來是合情合理的。畢竟受過苦，受過累，所以我才是現在的樣子。

他們不想重新站起來，也不相信可以做點什麼讓自己再次獲得快樂或者幸福，他們不知道這個世界上有一種力量叫做「愛自己」，也不相信自己有愛自己的能力。

我也有過很痛苦的時光。看上去的一帆風順，只是看上去而已。那時候，我以為從此以後自己也會成為一個面色暗沉的女人，像我認識的許多人那樣，鬱鬱寡歡，因為沉澱在心裡的那些痛苦的因數，我是有理由不開心的，我也有理由放任自己的這種不幸福的狀態，誰都不能指責我。畢竟，我經歷過的痛苦只有自己知道，不是嗎？

但謝天謝地，那樣的時刻，也倏忽而過。

我無法向痛苦俯首稱臣，更不要提放棄自己，任由那些痛苦和悲傷把我變成一個蓬頭垢面賣弄痛苦的人。所以，我決定要做點什麼，我要通過做這些事情，讓自己重新充滿勇氣，獲得幸福的勇氣。

我寫字、烘焙、旅行，做許許多多我喜歡的事情，並且在那些事情帶來的快樂中不斷地告訴自己：「妳足夠愛自己了，世界才會愛妳。」

我重新充滿了自信，不再是年少輕狂的那一種，而是源於內心真實的力量，我相信即便被一些人否定，遭遇一些事情，我也仍然有幸福的能力。我重新審視自己，我哪裡一無是處了？我明明能寫出撫慰人心的文字，至少，有許多個日夜，我是用文字在給自己療癒的。我有能力變成自己喜歡的樣子，不必世故，不必刻意討好誰，不必虛情假意。

噢，那些我厭惡的事情我都可以敬而遠之。

變成我喜歡的那個自己——這是目前為止，我認為自己獲得的最大的成功。

也許我們這一生，會做很多錯事，做出很多錯誤的選擇，也或者，愛錯了人，走錯了路。

但永遠不會錯的是，學會愛自己。

愛護自己的身體，愛惜自己的羽毛，守護自己的內心。你足夠愛自己了，才不會輕易被痛苦擊垮，不會隨便否定自己，會相信自己有能力獲得幸福，你會想盡辦法讓自己開心起來，而你也會在看到曙光之後相信自己會變得更好。

什麼是更好的自己？

就是永遠不放棄自己，永遠相信自己有變得更好的能力，永遠都愛著自己，如此更深情地擁抱這世界，蹚過痛苦，捕捉幸福。

Part.3

我一定要活成我想要的樣子

生活得體面一點，是對自己的尊重

有堅強的內心，有強大的氣場，有自己的生活節奏，說該說的話，做該做的事，這就是體面。

我寫了一篇文章〈有審美，比有錢更重要〉，有段時間在網上流傳甚廣。微博裡的評論，跳出來幾個很扎眼的，我覺得挺有意思——

有人說：別發沒用的雞湯，沒錢，全是地攤貨能有個屁審美？

有人說：飯都吃不起還舒心整潔？心靈雞湯能喝飽？

還有人說：錢都沒有拿什麼去審美？

前面的那兩位顯示用的都是 iPhone 6s，最後這個用的是 Samsung Note 3，看關鍵字「地攤貨」、「吃不上飯」、「沒有錢」，想來要麼是憂國憂民的年輕人，要麼就是先天下之憂而憂的中年憤青。總之，用著幾萬塊的手機刷微博卻替吃不上飯的人操心也算是一種另類的「心懷天下」。

我猜，他們也不是真的吃不上飯，抑或用的全都是地攤貨（地攤貨也有不少好東西啊），但我們之間最大的區別，可能是我想要一份體面的生活，而他們總覺得自己只是在狼狽地活著。

因為沒有豪宅，沒有名車，沒有生在大富大貴之家，沒有一夜暴富……這些，成了許多人的「心病」，也因此他們說話總是不那麼體面，喜歡把自己的身段放到無限低，比他們差的人他們會冷嘲熱諷，比他們好一點的，他們又陰陽怪氣。

無論是否實現了財務自由，無論是否積累了足夠多的財富，無論我做的是一份什麼樣的工作——只要自食其力就好，我的終極目標都是：體面地生活，而不是狼狽地活著。

「體面」這個詞，現在越來越少用了，在我的理解裡，它包含著自尊、自重、自愛，是我們在世俗社會立足的根本之一。

你周圍值得尊重的朋友、敬重的師長，抑或很崇拜的偶像，他們大多數有一個共同點：活得很體面。

不是賣弄面子，大講排場，而是有堅強的內心，有強大的氣場，有自己的生活節奏，說該說的話，做該做的事，這就是體面。

我很不喜歡吃頓飯能講出無數個「大人物」名字的那些人。早年有個朋友入職去了不錯的單位，沒多久學了一身「武藝」回來，朋友小聚也漸漸被他搞得烏煙瘴氣，是我最深惡痛絕的，就斷了往來。

但我也對總是活得很狼狽的人敬而遠之。他們也不是真的貧窮，也不是真的遭遇挫折——這樣的人反而簡單，提供力所能及的幫助，等他們的生活逐漸平靜下來，又可以從頭來過。

可怕的是永遠在躁動卻永遠一事無成的人。

認識十多年的人，年輕時就總是慌慌張張的，無論是升學戀愛還是結婚生子，沒有一件順心事，總是這裡出了岔子那裡出了問題，聽他說話不是在求這個人辦事就是在找那個人幫忙。今天缺錢，明天找關係，每次聽到他的消息都像是苟延殘喘的最後一天。

這樣的人，談什麼體面呢？當然沒有。

我曾奇怪，為什麼他總是過得這麼艱難？同齡人也都在人生的爬坡期，工作要慢慢上進，生活也要漸漸地穩下來，但無論怎樣，總是會有一點點收穫，有一點點穩定吧？他家庭出身到求職工作都是中等偏上，但是每一次，他都想要去攀附更高的階級更好的資源，舊的守不住新的求不來，求而不得就鬱鬱寡歡。他總是在求人，臉上也就寫滿了愁雲密布和低聲下氣，人到中年臉上寫的全是「我很慘」，談什麼體面？

找一份謀生的活兒，從事能自食其力的工作，在這個人力成本越來越高的時代，養家糊口真的不是天大的難題。唯一的難題是，既不能安心地堅守下去，又不能決絕地重新開始，最後就只剩下哀號、慨嘆、鬱悶和傷感。

體面的生活，是自尊、自愛、自強、自重，不做那些令自己汗顏的事情，不學習玩弄你瞧不上的陰謀詭計，不攀附，不迎合，不出賣內心去獲取資源。

盡量做自己喜歡也能做好的事情，把自己生活的環境整理得潔淨舒適，用負擔得起的好一點的東西，交往能談得來的朋友，和情人親友之間也是明亮溫暖，體面互動，說符合身分的話……這很難嗎？

把自己活得那麼狼狽，真的不至於。

想起在最貧窮的時候需要靠五百塊過完一週，我仍然覺得自己可以從容體面地生活——少買一點肉，少吃一點水果，把不必要的需求稍微往後拖一拖就好了。只要能在餐桌上擺出精心製作的小菜，只要能夠在晚飯後牽著手散散步聊聊天，就覺得日子是幸福的，是不匆忙的，是不狼狽的。這何嘗不是一種簡單的體面呢？

經濟條件稍微好一點點，就買一點自己喜歡的東西，講講情調，談談愛好，不必急吼吼地朝思暮想，恨不得馬上就實現財務自由想買什麼就買什麼，只要買適宜的、喜歡的東西，不是一樣開心嗎？

這是我的生活理念，我還挺樂在其中的。

我尊重自己，尊重生活，也得到了它的厚待，滿心歡喜。

功利心太強的人可以談生意，但別談友誼

我願意浪費一些時間、精力和金錢在沒有目的的事情上。人與人之間的感情，亦是如此，不必那麼功利。

好朋友因為讀書被主管批評了。

那之前，她讓我推薦幾本書給她，她下單後在朋友圈裡小小地炫耀了一下，然後，就嚶嚶嚶地來找我了：「被主管看到了照片，批評我看閒書，應該把時間和精力都放在專業書上……」我覺得好笑又可悲。

我還以為，無論什麼時候，愛讀書都是一種值得珍惜的好習慣。我們每個人的閱歷與見識都十分有限，而讀書可以讓我們獲得更豐滿的人生厚度，增長智慧。有許多書讀來是賞心悅目、滿心歡喜的，這種純粹的快樂，是內心的獨特感受，幸福感無法比擬。

但在功利主義占上風的環境裡，做一件事要有目的性，否則就會被判定沒意義。

讀《蔣勳說紅樓夢》中的一段，頗有些感慨——

春天來了，大觀園裡特別美，寶釵的丫頭黃金鶯手巧得很，採了些嫩柳條編了花籃，

又摘了一些鮮花放在裡面，很是漂亮，一向不怎麼誇人的林妹妹都不吝溢美之詞地表揚她，於是她跟幾個小丫頭想要多編幾個花籃拿來玩……這時，小丫頭何春燕看到，好心勸金鶯別被姨媽看到了，因為在姨媽眼裡看不到春天的美與好，而是覺得一根柳條一朵花兒都是可以賣錢的，若是被她看到了肯定要罵的（事實證明的確如此）；春燕還拿了寶玉的話來說女人的變化，小的時候像是寶珠，嫁人之後就蒙了塵埃失去了光彩，再到後來，就成了魚眼睛了……這變化，是在世俗生活中被功利漸漸薰陶而成的。

談到這一段，蔣勳先生提到了康德的那句名言：「美是一種沒有目的的快樂。」他用了挺長的一段話來詮釋：在沒有目的的時候，才會產生快樂的美感。當今世界最大的悲哀是我們被置放在一個越來越有目的性的時空裡，缺失了無目的的感受和欣賞。其實人跟人的關係也是一樣，有目的的就是相互利用，只有沒有任何目的的交往，才可以變成互相欣賞，同事、親人都是如此。脫離所有的功利關係，才能看到一個人生命狀態的美。

我是很願意浪費一些時間、精力和金錢在沒有目的的事情上的。

晴空萬里的時候，特意慢下腳步，多看幾眼天空，雲卷雲舒，美得不可方物；初秋的黃昏或者春日的早晨，會灑掃庭院，在院子裡喝杯茶，看會兒書，美得不得了；盛夏的夜晚，若是天空清澈星光閃爍，會鋪張毯子在院子裡，點了蚊香，躺在毯子上看會兒星星……我們總說「美好生活」，這些沒有任何意義的瞬間，不正是美本身嗎？

我覺得，做一些沒有目的性的、讓內心快樂充盈的事情，是非常要緊的。可以暫時放棄目的、放下功利心，從世俗生活中脫身出來，只看這一片雲，只在意這杯茶，只念著這本書裡的愛恨情仇，我只關心這些。

我說的是「暫時放下」——做為碌碌眾生中的一員，我們要靠自己的雙手討生活，要吃要喝要養家，自然也不能一直都風花雪月不問世事。

這些我懂。

人與人之間的感情，亦是異曲同工。想想看，若是我們為了託人辦事的話，一定會提前準備一份謝禮，雖然有一些人情在裡面，但是「等價交換」的目的昭然若揭。

而我們在平素交往的朋友之中，哪裡會這樣？

我們因為投緣才留在彼此的生命中，這種投緣本身就是一種沒有目的的快樂，只要和你在一起我就很開心，只要你在身邊我就覺得很高興，僅此而已。

會互相幫忙，甚至會兩肋插刀，但那是處於一種感情的共鳴、一種情誼的促使，而不是功利心使然。

這些年，我陸續遇到過很多人，有的一直留在生命裡，有的遠遠地站在遠處，還有的，早已消失了蹤跡。

因工作關係認識過一個人，相處得很不錯，雖然算不上每日噓寒問暖，但有了大事小事，也會互相知會。我以為，我是多了一位朋友。

不再有工作接觸後，他對我變得非常冷淡，我才驟然明白，他是帶著「工作的心情」跟我交往的，為了讓工作變得更輕鬆的功利心是我們「友誼」的基石。

我識趣地自動消失在他的世界之外。

誰知道幾年後，因為一些事情我跟他所在單位有些聯絡，跟他的上司打過幾次交道，這個很久沒跟我聯絡的人，突然又開始發消息給我，噓寒問暖。我因為在忙，就簡單回應了幾句。

怎知，他竟然問我：「我怎麼覺得妳對我那麼冷淡啊？」

從那之後我對他真的冷淡了。我們可以公事公辦地談事情，談工作，談合作，但是談友誼？算了吧，我真心覺得他不值得我付出任何的私人時間和情誼。

美，是一種沒有目的的快樂。

願我們每個人都能夠在生命之中享受到這種快樂。

和欲望談一談

我想要的我都有了，而我有的都恰好是我喜歡的，還有比這更幸福的事嗎？

過有規律的生活，恰好的物質，豐富的精神，整潔的環境和內心，給自己足夠的時間做喜歡的事情。陪伴家人和孩子，有可以吐槽歡笑的朋友，這就是我人生的全部理想啦。努力吧！——這是我二〇一五年十一月十日早晨發的一條朋友圈。

二〇一五年「雙十一」的前兩天，周圍的朋友已經摩拳擦掌歡呼雀躍了，而我是這麼度過的：十一月九日，我給家裡添置了一個收納櫃；十一月十日，我買了很多書；十一月十一日零點的時候，我大概在睡覺，不然就是在熬夜看美劇。

朋友們在曬購物車，而我的購物車幾乎任何時候都是空的——這個功能對我而言從來都是雞肋，我不會在購物車裡囤東西。

喜歡的，必要的，能負擔得起的，一定是當下就買了。

超出負擔能力，可有可無，只是為了占有的物質，關了頁面，一了百了。

「過多占有物質，並不是一件好事。」這是我對自己的忠告。還沒有完全做到，只是在努力。

有時候會想，到底我們的物欲是什麼時候被餵養長大的呢？小時候都還好啊。一年四季買四次衣服，雷打不動，每到換季，媽媽就會帶著我和妹妹去買新衣服。

十二歲那年春天，我看中一件櫻桃紅條絨上衣，口袋是灰色的，如今看來那叫拼色，但我媽覺得顯舊，不好看，說服我沿著攤位來來去去轉了三四遍讓我挑揀其他的，我卻執拗地只認準了那一件，非它不可。我媽沒辦法，只好給我買了，我真是開心得不得了，覺得全世界所有的美好都被自己擁有了。

我至今仍然記得小時候的許多衣服，七歲那年擁有的一條粉紅色連身裙，初中時黑色圓點的短裙，高二時喜歡的那件黑白格子上衣……那時候的欲望那麼簡單、那麼丁點兒，春夏秋冬四套衣服，就可以滿心歡喜了。

高二時，班裡突然轉學來了一個城市裡的女孩，白白淨淨，講普通話，除此之外，我沒看出她跟我們有什麼不同。

直到有一天，女同學跟我講過之後，我才赫然發現她的「不一樣」：啊，她居然每天都穿不同的衣服?!她居然能在一個月三十天裡，不動聲色地換出各種 style?!——在今天許多人眼裡看來這當然是無足輕重的小事，但當時對我的震撼是無法形容的。因為那時候我所有當季衣服加起來，最多能夠抵擋一週不重複而已，相較之下，差距驚人。

在那之前一直把各種衣服互相搭配且不以為意的自己，突然聽到內心裡一個小小的聲音，它說：「原來有些人的生活是這樣的。」

大概，那種不由自主的攀比心理，是餵養欲望的第一步吧。

欲望可以帶來動力，這是許多人餵養它的另外一種方式。

「我想要更大的房子，更好的車子，更名貴的手錶和包包，更優渥的生活……所以，我要努力奮鬥，我要努力賺錢！」這都是我們耳熟能詳的勵志格言，甚至我自己，也會偶爾暢想這樣的時刻：「等我有錢了，買買買！」

把欲望餵養得足夠大，的確會帶來一定的積極作用，至少會不由自主地克服掉一些惰性。

但是更多時候，欲望不等於幸福感。尤其是，實現不了的欲望，會是無盡的痛苦與焦慮之坑。

買買買帶來的快感，也許會讓我們今天、明天和後天都很開心，但這種快樂卻不能持久，欲望的大口會越張越大，我們需要跳得更高、更用力才能夠實現。總有一天，當滿足不了內心的欲望，就會形成更巨大的心理落差。

旅行去韓國時，在一家免稅店的櫃檯前，我看到一對年紀很大的母女在糾結，她們看著購物籃裡的東西，放下捨不得，買走又覺得太貴……心情煩躁的女兒厲聲跟白髮蒼蒼的母親喊：「到底要不要，妳說啊！」母親只能囁嚅著。

幾乎每一間免稅店裡，都是人潮洶湧，都是中國人在瘋狂搶購的熱潮。

有時候我們購物的欲望和迫切之情，是在周圍的環境裹挾下產生的，一浪高過一浪，不得不買，不能不買。登機前，一位姊姊說到自己去儲藏室找行李箱，發現之前出國時買的東西都還沒用呢，她說：「這次一定什麼都不買了。」

幾天後我們回國時，她手裡又多了一個行李箱，因為買的東西實在拿不了，她自嘲地笑著說：「這些沒準兒也會囤到儲藏室。」

情緒是會互相傳染的，欲望也是。「買買買」成了一種流行病，有錢人如此，普通人也是，物質欲望藉由各種手段被過度放大，迫不及待地想要吞噬一切。

在日本福岡，同行的人都殺進了藥妝店，我一個人隨意逛了逛，卻碰到了一家有書店的無印良品。

安靜、簡潔、舒服，沒有人急吼吼地買買買，站在書架前看書是最安靜、最溫柔的美好。我在這裡選了一些小東西，特別好用的再生紙筆記本，送給獅子座的兩位男生的陶瓷小獅子，幾盒色筆，還有兩支螢光筆可以在看書時寫寫畫畫……

有點累，我在咖啡區點了杯咖啡，慢慢喝。旁邊是一對中年男女在低聲聊天，對面是一家三口在吃冰淇淋，長桌旁坐著年輕的女孩，一邊看手機一邊吃甜點……我一晃神，半小時前在藥妝店裡感受到的那種劍拔弩張像是在夢裡，抑或，跟這個咖啡店並不在同一個世界存在著。

什麼是恰到好處的物質？我也並不是特別清楚。

我倒是可以描述出我想要的生活的樣子，整潔溫馨的房子，親密有愛的家人，做一點自己喜歡的事情，擁有一些美好而實用的小玩意兒，買能承擔得起的東西，做能力之內的事情。未必華麗奢靡才是幸福，只要有愛和美，就是完美的生活，不是嗎？

我在很認真、很用心地跟我的欲望相處，而不是互相控制。我希望我們成為朋友，正視彼此，互相適應。

我不會無限制地縱容它，最終導致我陷入泥濘；我也不會完全當它不存在，因為我喜歡偶爾有一點的小驚喜，縱容自己的一點小歡喜。

我想要的我都有了，而我有的都恰好是我喜歡的，還能幸福更多嗎？簡直不能。做一個物質世界裡的阿Q，真的蠻幸福的。

你的角度，決定你的高度

人一旦站在高於自己的角度來思考問題的時候，心態就會豁達，遇事就更理性，就不會只在意眼前的一點利益。

公車是一個沾染市井氣的好地方。

有對母女推著嬰兒車上來，坐在我前面的座位上。起初，她們在商量過一段時間婆婆要過來的事情。女兒的語氣有點為難，婆婆想來看看孩子，不能不讓她來，但如果長住的話，家裡房間不夠，可能會不太方便。

媽媽說：「跟她說明白了，看看孩子就早點回家，家裡現在這麼擠，時間長了肯定不行。」女兒面露難色，說跟丈夫商量一下，她做為兒媳婦說這話，婆婆想多了就不好了。「再說了，這房子也是我公婆給買的……」女兒說。

媽媽冷笑：「人家買的房子也沒寫妳名字，是買給她兒子的。」女兒似乎有點心虛，聲音略小一點：「沒寫我的名字，但也是我在住……」媽媽又從鼻子裡「哼」了一聲：「那是為了給她孫子，又不是為了妳！妳還給她養孫子呢！」

我抬頭時，恰好從側面看到了女兒的苦笑：「我養的是我自己的兒子，怎麼能說是給別人養的孩子呢？」隱約中，我又聽到媽媽「哼」了一聲，但沒再說話。

後來，她們七手八腳地抬著嬰兒車下車了，故事戛然而止。

儘管不知道後來的事情發展，但我相信女孩會處理好婆媳乃至家庭關係的。她看事情的角度讓我相信這一點。

她有為難之處，也有非常周全的考慮，最重要的是，她看事情、做判斷不僅僅是站在自己的角度上，以一種「占有資源本能」的心態來看待生活中的那些事情，而是一種更高的俯視的態度來分析這些事情。

人一旦站在高於自己的角度來思考問題的時候，心態就會豁達，遇事就更理性，就不會只在意眼前的一點利益。

當女孩不僅僅站在「占有資源本能」的角度時，她分析事情就會更公平公正——公婆的付出她心中有數，也會用自己的方式回報，形成「互惠、利他」的良性迴圈，家庭氛圍自然也就會更加融洽。

站在高處，會讓一個人看到除了自己之外其他人的感情與利益，權衡利弊，理性分析，也就會有更溫婉的處理，更融洽的關係，更健康的心態。

太多時候，當你不再時時刻刻想要去占有時，你會發現擁有了更多，豁達的心態、更高濃度的愛情，以及家人的愛和尊重……

從前總是聽人說「你所在高度決定你的角度」，而我更相信——看事情的角度，決定我們每個人的高度。

那位母親的視角，更為普遍地存在於我們的生活中，她代表了很多父母的心理底色——只能而且必須站在自己孩子的立場來考慮事情，為他爭取更多的資源是自己的本能。

所以，公婆拿錢買房子是應該的，他們是為了自己的兒孫，而沒寫女兒的名字就是不對的；所以女兒住在這棟房子裡但沒有直接擁有它，當媽的也不覺得好，甚至理直氣壯地說「妳給他們養孫子呢」……當以平視的角度看問題時，很容易被現實的苦惱擋住視線而看不到前方，只看到了眼前的利益、困難、糾葛和煩惱。

就像是反光的鏡子一樣，被壞心態折射回來的光，最後只照射在自己的身上，只關注於自身的得失，為自己找各種各樣的理由、藉口，而不顧及別人的感受。

父母們會不自覺地進入這種誤區，愛會使人盲目，可這種愛的角度，卻會製造出更多痛苦和麻煩。

我認識的一個女孩突然要離婚，她跟丈夫感情一直不錯，誰知如今驟然進入了無法轉身的境地。

男方的背景更好一些，學歷高工作好還是本市人，女孩來自農村，單親家庭。但幸而，丈夫對她和母親都很好，結婚之後更是給了岳母家很多幫助，幫小舅子找工作，把在老家獨居的岳母接到城市裡……

問題就出在了這裡。這位母親在女兒家裡住得久了，女婿對自己很謙和，對女兒也極好，漸漸就覺得女兒這一家之主的地位是絕對的，她有了高人一等的感覺，大事小事都要參與並說了算，無論什麼事都要給女兒討個制高點才甘休。

女孩因為一些小事跟公婆鬧了點不愉快，向母親吐槽了幾句，母親覺得女兒被欺負了，連夜坐車去親家家裡大鬧了一場，歷數女婿及其父母對自個兒女兒的各種不好，把對方數落得體無完膚，周圍鄰居全都被引過來看熱鬧……誰知，第二天，男方就提出了離婚：「既然妳女兒在我們家吃了這麼多苦，這麼委屈，不如離婚吧。」

人看問題怎麼才能更高一點呢？不要局限於眼前的蠅頭小利，不要局限於一己私利，不要只因為眼前的一點付出就抱怨連天，而是能夠更為客觀更為長遠地想到長久的未來，應該就好一些。

後來，我終於想明白了，是角度。

當看問題的角度調整好了之後，你內心的高度自然就可以搭建起來，就會有一種更寬廣的心態，能夠更自如地擁抱世界，更好地去做一件事情。

二十多歲時，我也抱怨工作，抱怨環境，抱怨主管，抱怨很多事情。我覺得很多因素對我形成了障礙，導致我不能好好發展，發揮我的才能，實現我的價值。

一篇訪問寫得不夠好，我會責怪採訪時間不夠多，卻沒責問過自己：難道不是妳的準備工作做得不夠深入嗎？在一件事情中遇到困難，我就會心灰意冷，想著「放棄算了，反正只是工作而已」，許久之後才懂得，我應該告訴自己：咬咬牙堅持下去，今天的付出哪怕見不到成果，總有一天也會有收穫！

彼時，只是把自己作為工作中的一枚棋子，機器中的一個螺絲釘，無足輕重的一環。好像所有的付出，都是在為別人，所有的困難都不應該是我來頭疼的，而是應該由別人來解決、溝通、協調的。

把自己看得這麼輕、這麼低，你抱怨也就順理成章，做不好事情也就理所當然，而別人怎麼可能會高看你一眼？

遇到小困難就抱怨領導、吐槽環境、負面情緒爆棚而不去解決問題的，永遠只會是最普通、最平庸的員工。他們甚至不能從「職場人」的角度來考慮問題，從未把自己當成一個獨立的個體，從未想過做好眼前的這一件小事，是為了以後可以做更多更好的事情。

時過境遷，再回去看那個初入職場焦慮而暴躁的自己，真想跟她說一句：「如果妳換個角度看問題，妳的思路會更開闊，妳看到的會更遠、更好，妳就不會再吝嗇於現在的付出，抱怨現在的痛苦了。」

因為你知道更好的未來在等你，而你現在的付出，你所有的體諒，所有的包容，所有的理解，將能夠使你獲得更融洽的家庭關係，更舒適自然的氛圍，工作上的進步，以及個人的成長。

選擇比擁有更重要

好多時候，我們以為是生活選擇了我們，而實際上，是我們選擇了什麼樣的生活，並最終決定，我們會成為什麼樣的人。

我剛認識克萊德先生時，他特別忙。二十五歲的他，每天都在忙著出差，忙著上課，忙著學習。他騎著一輛機車，在這座灰濛濛的城市裡四處穿梭。他學的是各種我聽不懂的程式語言，在我們認識之前，他還自學英語，考了六級。

起初我並沒有什麼感覺，但朋友們說他是好學青年時，我才意識到：好像的確如此。

當時他在一家醫療器材公司做技術支援，但他說，每次站在公司ＩＴ大手的身後看他寫程式都特別羨慕，特別衝動，特別嚮往。

所以，他開始邊工作邊學習，通過自學課程，最終成功跨行。即便是進入ＩＴ這一行，他也一直是在學習的狀態——週末、夜晚、假期，他的身邊永遠都會有書。數字時代，知識更新那麼快，日新月異，他也必須隨時更新自己。

他選擇了這樣的生活。他經常熬夜，喝很多咖啡，為了一個解決不了的需求愁眉不展……但是他談起自己在做的事情，一邊說很艱難，一邊又透露出很爽的樣子。這麼多年，我覺得他就像是一個在爬山的人。不停地往上攀爬，征服了一座山，又一座山。然後，他變成了一個自己喜歡的人。

他好學、上進、不屈服於年齡與生活，他沒有大腹便便醉眼惺忪，他是一個被兒子稱為「懶豬豬」但在專業上很求上進的男人。

我覺得很棒。

我的生活中，有不少這樣的人，比如我的好朋友、勵志偶像葉萱。我們認識的幾年時間裡，她始終在激勵著我，尤其是在寫作這件事上，她給我的「刺激」很大，她讓我看到一個女人即便是結婚生子，即便是有工作有孩子也可以在另外一片喜歡的天空裡自由翱翔。

葉萱是兩個孩子的媽媽，上有老下有小還有個特別忙的老公，所以忙完工作忙家務，當一切都忙完之後，她還要點燈熬油地寫作，大量地讀書……我覺得很奇怪，我們做的明明比她少得多，卻沒有她那種朝氣蓬勃，為什麼？

她選擇了成為兩個寶貝的媽媽，她選擇成為一個優秀的職業女性，她像是宿命般地選擇了寫作……而她清晰地知道自己所選擇的生活，所以她花心思去安排時間，花精力規劃好家庭，也花心力把一切都安排得井井有條，她甚至隔三差五地去旅行，有時候是親子遊，有時候是獨自出去玩。

初冬時，我們的朋友何亞娟和顧西爵來宣傳新書，我帶著她們在書城做活動，葉萱在家裡準備午餐。我們到她家時，看到了滿滿一桌子菜，賣相好，味道讚，每個人都嘆為觀止。用餐完畢，她還給我們煮了好喝的咖啡，隨時看著我們的杯子，一喝完立刻拿去洗，她說自己有強迫症，我看到的只是訓練有素。

她要照顧家庭，照顧孩子，給學生上課，還要緊皺眉頭趕稿子……她把一處住所當作工作室，日常就在這裡寫作，給自己留一點空間和時間，好不自在！

我知道我不會成為葉萱這樣的人，但是我非常欽佩她這樣的人。

她知道自己選擇了什麼樣的生活，她知道自己會成為什麼樣的人，並且抱著欣欣然的態度，樂觀其成。

我們總是覺得，是生活選擇了我們，而不是我們選擇了生活。

譬如，我們無法選擇自己出生的家庭，無法選擇自己將要走的道路，戀愛也許是自由的，但是踏入婚姻之後，有很多迫不得已的部分，好像被一切裹挾著走啊走，走到一個無可迴旋的餘地。

只能隨波逐流。慢慢變成了，大腹便便的男人，或者蓬頭垢面的女人。

偶爾一回頭，滿心慌亂：「我怎麼成了這個樣子？我年輕時候那些閃亮的夢想呢？我一直想要擁有的閃亮的生活呢？」

也有些人，選擇了截然不同的另外一種生活。

我有位朋友是超級工作狂，早就打定主意只跟工作戀愛，要賺很多錢，要功成名就，要讓家人都為自己驕傲。二十七八歲的時候，她光輝璀璨得好像擁有了全世界，工作出色，朋友很多，賺了很多錢，去過很多地方，一切都很好。

可是到了三十歲的時候，她突然就慌了，想要談戀愛想要結婚，恨不得馬上就生個孩子，但又覺得欲速而不達，另外一種焦慮開始在心中瀰漫。

她的故事我在一本書中看過類似的影子。《最好的妳》裡，女孩塔莉和凱蒂就像是我們生命中的兩面。她們選擇了不同的生活，最終成就了不同的人生——說不上哪個好哪個不好，可是隱約之間，總是覺得有那麼一點遺憾。

塔莉從小勵志要成為耀眼的女主播，她孜孜以求，鍥而不捨，果然功成名就，擁有了名聲地位與矚目。可是年近四十的時候，她很寂寞，感到自己越來越疲憊。而凱蒂，從小就相信愛情，她愛上了一個叫強尼的男人，為了他從事自己並不喜歡的傳媒業。結婚之後她選擇成為全職媽媽，女兒長大她有了一點時間打算重新開始喜歡的寫作生涯，但意外懷孕又讓她重新投入了紙尿布與奶瓶的生活……

讀這本書，簡直是怵目驚心。

好多時候，我們以為是生活選擇了我們，而實際上，是我們選擇了什麼樣的生活，並最終決定，我們會成為什麼樣的人。

二〇〇六年的某個晚上，我百無聊賴地躺在床上看韓劇。突然我心中一動：「我有這麼多時間，為什麼不寫點東西呢？」

自此，我開始寫稿子，越寫越多，越寫越愛寫，越寫，越愛這個寫作的自己。

我選擇了這樣的生活，我嘗試著把我生命中美好的、感興趣的事情都留在我的生活裡，而我，也在這些美好中漸漸成長，浸潤成一個喜歡的自己。

你是否願意試試看，選擇自己的生活，並且最終成為你喜歡的那個人？

我的人生不湊合

我不要湊合的人生，人生只有一次，我不想在垂垂老矣時，悔恨而羞恥地想：我這一輩子，居然都是在湊合中度過的。

有讀者發訊息給我，彼時，他正在人生的十字路口徬徨著——三十七歲，在一所學校當老師，利用業餘時間學習，考上了博士。

那麼問題來了：要不要辭職去念博士？！

如果辭職，讀完博士自己都四十出頭了，萬一工作不好找或者找不到好工作怎麼辦？當然，如果不去讀的話，看上去還有點遺憾呢。儘管他說自己「是為了證明自己的學習能力才考博士的」，似乎去不去讀都可以。

畢竟不是我自己面臨的兩難抉擇，說什麼都是「站著說話不腰疼」的立場，所以也只能給他終極建議：「選擇你最想選的那個。」

這句話看上去還是有點「心靈雞湯」或者「不痛不癢」，但真的是我的肺腑之言。尤其是在大事上，永遠不要去選那些「湊合」的選項。

湊合，是一種慢性毒藥，它看上去是無害的，甚至是「權衡之下成熟的選擇」，但它會白白浪費大量的時間、精力、金錢，更會讓我們蹉跎歲月，失去鬥志，錯失奮鬥的機會。

當下它可以讓我們暫時麻痺自己，認為接下來的路還可以走，以後也許會有更好的選擇給我們。而實際上，這權宜之計就像是一雙本來就不那麼合腳的鞋子，最開始覺得「還能湊合穿一穿」，久而久之，就會越穿越難受，越穿越痛苦。選擇的時候就心有不甘，久而久之後悔的心情開始彌漫，後悔沒有選自己最想選的那個，痛恨自己沒有為最想做的事情努力過，難免就會對一切都不滿，很多人的不快樂，就是從「湊合」開始的。

朋友小菜約我一起午飯，可是她看上去焦慮又煩惱，說是公司正在舉行競聘[12]，而她對於自己是否要參加以及競聘哪個職位都不是很確定，所以很煩。

「當然要參加呀，如果妳對現在的工作和公司還蠻有好感的話。」這是我的第一條建議。我向來不贊成做「職場廢柴」，尤其是女性朋友，更不要動輒被「有份清閒的工作，可以照顧家庭就好」這樣的念頭蠱惑，久而久之成了公司裡可有可無的人，也為自己不求上進找了一個好藉口。

若是有機會，還是要往前努力看看，哪怕不為升職加薪，這也是個人價值的重要體

12競聘：指公司全體員工，不論職位高低，全都站在同一起跑線上，重新接受公司的挑選和任用。且員工本人也可以根據自身特點與對職位的要求，提出自己的期望和要求。

現。

至於選哪個職位競聘，唯一的原則就是：選妳最想選的那個。小菜有點沒底氣，她最想選的那個A，但她自知自己不是業務能力最強的，可能會失敗。但若是選比較有把握的B，她又覺得……那不是自己最想做的。

這是我們常常會遇到的狀況，總希望選擇「保險一點的」，哪怕選的不是最想要的那一個，哪怕只是「還湊合」，嗯，差不多就可以了。

關於湊合，我聽說過太多。

戀愛的時候，他不是自己最愛的，但，還湊合啊。感情也還湊合，條件也還不錯，於是就湊合著結了婚，生了孩子。過個幾年，感情從不溫不火到淡如白水，再到彼此之間再無更多交流。也想過要去追求更有熱情更幸福的生活，但又覺得，那可能會是一場冒險啊，還不如就這麼湊合著過吧，一年又一年，把自己的青春、人生都蹉跎進了一場「湊合」裡。

找工作的時候也抱著相似的心態，很好的那個公司很難進還是不要浪費時間去實習了，很想做的那份工作也許不夠穩定還是不要冒險了。於是，去一個還湊合的公司，做一份還湊合的工作，看別人拚命、努力、奮鬥的時候，覺得自己還不錯啊，不用太辛苦，到了職業倦怠期，才發現自己在年輕時候蹉跎過的時光，如今都以無數倍的悔意來敲打自己。

也有人把湊合當臺階下，不屈服於現實，但也不會因為過於理想主義而去撞個頭破血流。我有位朋友第一年考研究所沒有成功，不想坐吃山空靠家裡供養，於是選擇先工作。工作的這段時間裡，白天上班，晚上學習，睡得特別晚，起得特別早，第二年成功考上，學了自己最喜歡的專業，畢業後做了自己喜歡的工作，簡直是大快人心啊。

不放棄夢想，不屈服於湊合的人，才是真正的勇士。

收拾衣櫃的時候，扔掉的大部分衣服，都是在湊合的心態下買的——這件不貴，買吧；沒買到特別喜歡的，這件還湊合，買吧。

結果是，這種衣服穿的概率非常低，本來就沒那麼喜歡，時間久了更覺得無趣。在衣櫃裡堆了一年又一年，終於逃不脫被扔掉的命運。

衣服如生活，我們若是能夠在生活中也多一點「不湊合」的勇氣，也許人生的快樂就會多一些，做選擇的時候也就更明瞭一些，是不是？

跟小菜吃飯過後的第二天晚上，深夜時分，收到她的短信：「成功了。」

她還是將自己的競聘目標選擇了最想要的A。她說，自己想過了，哪怕失敗，也心甘情願。但若是為了保險而選了湊合的B，無論成功還是失敗，心裡都不會多痛快。

我深以為然。

過了三十歲之後，我就警告過自己：「我的人生不湊合。」

我一定要過自己想要的生活，盡自己所有的努力追求自己最想要實現的夢想，做最想要做的事情，哪怕是一時力有不逮，也沒關係，我相信來日方長，我相信歲月不會虧待努力的人。

我不要湊合的人生，人生只有一次，我不想在垂垂老矣時，悔恨而羞恥地想：我這一輩子，居然都是在湊合中度過的。

你真正想做的事，只要開始了就不會晚

——只要你開始了，就不晚。若你不開始，僅僅停留在思考猶豫甚至焦慮的狀態，那就永遠都是零。

跟好朋友們吃飯，閒聊起正在做和想要做的事情。

我的計畫是，好好賺錢，然後安心寫作。朋友 zhaozhao 嗤嗤地笑著，說：「我的想法跟妳恰好相反，我想好好學中醫，多聽一些課程，多做一些實踐。」

儘管我們的方向和目標各不相同，但很開心的是，每個人都在做著自己想做的事情，朝著自己喜歡的方向走去。而在這樣的時刻，有一種感受特別清晰而突出：你想做的事情，不管什麼時候開始，都不嫌晚。

五六年前，身為雜誌編輯的 zhaozhao 突然迷上了中醫，不僅是喜歡，還是著迷——看各種專業書籍，學習各種課程，拜訪名醫。

當時我覺得匪夷所思：這個年過四十的女同學，半路出家學中醫，是不是也有點太奇怪了？

按照慣常思路，當她發現自己真正喜歡的是中醫時，第一反應不應該是後悔連天嗎？「哎呀，太可惜了，我居然大學時沒學中醫！」再說了，四十多歲的人跨界這麼大也太不可思議了，改行這種事情應該在年輕時做啊。都人到中年了，學習能力大不如前，家庭和工作也都進入了穩定期……總之，還折騰什麼呢？

這些疑問我陸續向她提出過，她當時只是淡然地說，自己目前還只是中醫粉絲，非常喜歡，所以要開始學習。至於其他，至於以後，還沒想到那麼多、那麼遠，一邊學習一邊思考，不是正好嗎？

也是。

有許多事情，我們想太多，想太遠，反而會止步不前。

在後來的這幾年時間裡，她一邊組織中醫學習團體，一邊參加各種課程，她的熱情和行動，無形中給我很多鼓勵。

想要做一件事，永遠都不要怕晚。只要你開始了，就不晚。

而若你不開始，僅僅停留在思考猶豫甚至焦慮的狀態，那就永遠都是零。

二十四歲那年，我的妹妹安吉開始學跳舞。

當時，她已經大學畢業在高校[13]工作，也結婚了。所以聽說她要學跳舞，我自然是驚訝的。

聽說跳舞是童子功，妳都二十多歲了，骨頭都硬了，身體還能柔軟地伸展嗎？一個女孩子，都工作結婚了，好好工作、生活，過兩年生了孩子就更要忙於家庭生活了，跳舞？也太異想天開了吧……她遇到的疑問應該是不止我一個人提出的。

她簡單跟我解釋說，她學習的是肚皮舞，不需要童子功，只要基礎學扎實就可以；她小時候就喜歡跳舞，但當時沒有環境和條件，現在有了，把這作為一個興趣，不好嗎？再說，跳舞可以鍛鍊身體，延展身心，還能擴大社交圈，她認識了一幫興趣相投的好朋友，非常開心。

沒想到，她就真的跳了十年。這十年裡，她從初學到精進，從一個普通的舞者到教練，在舞蹈比賽中斬獲過很多重量級獎項，開了自己的舞蹈工作室……聽起來像天方夜譚，但這些的確都風輕雲淡地發生在我們的生活裡。

她還在高校工作，生了可愛的小 Baby，除此之外，她還跳舞，學習瑜珈，帶著愛美的女生斷食減肥，還帶著孩子們學習少兒英語（她是英語專業八級[14]）……這麼想一想，這個小時候好吃懶做的小胖妞，還真是挺讓人欽佩的。

---

13 高校：即高等學校。中國大陸對大學、專門學院和專科學校的統稱。

14 英語專業八級：自一九九一年起由中國教育部實行的全國高校英語專業八級考試，有筆試和口試，各有合格證書。

她打算開舞蹈工作室時，父母是略有擔憂的。當時肚皮舞已經開始流行，她做得當然不算早，行嗎？她說：「雖然我做得不算是最早的，但是我能做好。」

答案已經顯而易見。

這是個非常奇怪的現象，當你打算做一件你喜歡甚至想了很久的事情時，總會有人告訴你：「你來不及了，已經晚了……」

二十歲時，你想要開始學習一項運動，有人說：「晚了，你的骨骼已經發育完畢了，你現在來不及了。」可是，我在滑冰場裡看到頭髮花白的阿姨穿著溜冰鞋跌跌撞撞地穿梭在年輕人中，帥極了！

三十歲的人說她要開始學寫東西，又不無擔憂：「還來得及嗎，是不是晚了？」我相信寫作是不分年齡的一件事，只要你想，六十歲拿起筆開始寫都沒問題。關鍵是，你得開始。哪怕是寫日記，都算是進步。

想想七十六歲才拿起畫筆的摩西奶奶，八十歲舉辦畫展這件事，是不是很酷？

我覺得是。

她說，人生永遠沒有太晚的開始。

你做什麼都有人說晚了，於是你就不做了。

你高二時發現成績不夠好，可能上不了頂尖大學，你覺得自己努力也晚了，所以自暴自棄，最終連一所一般高中都沒去成。而我有個初中同學，調皮搗蛋得令老師們頭疼，成績非常一般，初三下學期他開了竅一樣地拚命學習，居然在眾人的目瞪口呆中考上了明星高中！

大學讀了一段時間，你才發現自己選錯了科系，完全不喜歡，可是已經來不及了吧？於是就迷迷茫茫，在遊戲裡浪費青春，挨到畢業，勉強找一份工作，沒過多久又發現自己再次錯過了改變人生的機會——啊，又晚了！

你在一段感情裡發現了問題，如鯁在喉，非常難受，可是你們已經談婚論嫁，來不及再去溝通、梳理了吧？於是就假裝什麼都沒發生，一直拖到婚姻裡，拖到有一天圖窮匕見，自食惡果。

勵志的故事有很多。但若認真去看，拋去那些炫目的光環，大多都是一個普通人在用自己的堅持、努力和認真，寫就了整個傳奇。

你想做的事情，只要開始了就不會晚。你想要做的改變，只要開始了，就會往好的方向走。

你原本就在自己心不甘情不願的境地，往前努努力，哪怕只是一小步，都是離它遠一點，這難道不好嗎？

今天不要睡太晚

——飽滿的精神、穩定的情緒、健康的身體，以及對自律生活的有力掌控，是我認為一個人最好的狀態。

幾乎是一種習慣，每次克萊德先生出差，我就睡得特別晚。多晚？

大都是在凌晨一點之後。早上七點渾渾噩噩地醒來，喊豆豆哥起床，用各種甜言蜜語和威逼利誘把他弄醒，催促他穿衣、洗漱，直到聽見大門「喀嗒」一聲，他去上學了，才能放下心，然後自己再不情願卻也不得不面臨著要收拾俐落出門上班的苦難。

因此，一般撐過一週，我就筋疲力盡，精神萎靡，時常心情煩躁，對許多事情失去耐心——精力不夠的時候，人的狀態都會特別差，不必贅言。

兩個人都在家的時候，相對好一點，互相督促，相互監督，爭取十二點之前休息。這對於「晚睡黨」而言，已經算是相對規律的作息。而一旦分開，都會非常不自覺地熬夜。

年紀輕時，熬夜是家常便飯。我們因為各種理由熬夜，為了上網，為了看劇，為了各種奇怪的事情。大一有好幾次，我跟同學在網咖裡熬通宵，現在想來真是匪夷所思啊，怎麼能跟陌生人說那麼多有的沒的的話呢，當時腦子裡到底怎麼想的呢?!

大二那年《流星花園》風靡一時，有個晚上我的好朋友小慧跑去網咖通宵看完了這部劇，清晨回來時神采奕奕兩眼放光：「哇，周渝民太帥了！」

年輕的時候很多事情是不考慮意義的，反正有的是時間，可以任意揮霍。哪怕是熬了通宵，只要睡個半天，就立刻又活力滿滿。黑眼圈是沒有的，皮膚暗沉也沒發現過。

好多人說青春就是用來揮霍的，我沒有試過，大概最大的揮霍就是熬夜吧，漫無目的，只憑著一時興起。那時候也的確是因為沒有什麼目標，不知道自己將要走向何處，成為什麼樣的人，所以才會把時間近乎浪費地使用著。

二十多歲的時候，熬夜之後痛快地睡上大半天簡直是無與倫比的享受。而三十歲後的日子裡，無論熬夜多麼疲倦，接下來的時間都很難睡踏實，頂著腦門上的黑線行走在街頭，看全世界都不爽。

但是明明，三十歲之後有許多事情需要熬夜啊。

工作幾乎占據著所有白天的時間，朝九晚五，來來去去，從早晨到黃昏；下班之後也並沒有多少時間屬於自己，吃飯洗碗做家事，跟家人聊聊天，陪孩子玩一會兒，若是能在晚上九點之前搞定，就謝天謝地了。而大部分時候，把孩子弄到床上去，給他講個故事或者繪本……真正屬於我的時間，只能是從十點後開始。

從前很難想像吧，時間變得如此分秒必爭，人生變得如此緊湊。但身臨其境之後，覺得是順理成章的。

所以，不可能不熬夜。畢竟還想要一點點時間，要讀幾頁自己喜歡的書，要做點喜歡的事情，要在電腦前寫幾行字，兩個小時並不怎麼夠用啊。

但也開始每天都提醒自己：今天不要睡太晚。

不要把自己繃太緊，不要企圖把事情都做得面面俱到，偶爾要放鬆啊。尤其是，每到凌晨時刻，一種奇怪又消極的情緒就會浮上心頭，無論我當時在做什麼，都會覺得心煩意亂，悲觀非常。一旦這種情緒出現，我的效率就會非常低，無論在做什麼事情，都變得鬱鬱寡歡，怎麼看都不順眼，啊，不如去睡吧，明天再說好嗎？

飽滿的精神、穩定的情緒、健康的身體，以及對自律生活的有力掌控，是我認為一個人最好的狀態。

今天不要睡太晚。我打算先從這一步開始做起。然後，慢慢地靠近自己的目標，達到更好的狀態。

願你也是。

願我們都能善待別人，也能被世界溫柔相待

誰都覺得自己特別一點，誰都覺得自己應該得到善待，可是卻忘了，陌生人之間的這種善意，是需要互相激勵才會生發出來的。

在自助餐廳吃飯，我坐在公共長桌上一個人埋頭吃著。

有位老先生帶著兩個小女孩來到旁邊的空位，用餐高峰期，座位所剩不多，這張長桌也僅剩兩個位子。老先生讓小女孩們坐下，給她們弄好吃的、喝的，自己就站在旁邊吃起來——恰好站在我和小女孩們的中間。

他毫不介意，我卻吃不下去，扭頭找了一圈，不遠處的四人桌還有個空位，過去問了一下的確沒人，我便請老先生坐在我的座位上，我端著食物去那張桌子。

老人說了幾個「謝謝」，還幫我把水杯端到新座位。

這次我坐下，才能安心吃飯。

這是件非常微小的事。我不做，不會有人說什麼，但我做了，心裡會舒服。因為我看到他的時候，會想到我自己的父母——若我的父母在自助餐廳裡因為找不到座位而不

得不站著時，我多麼希望會有一個年輕人給他們讓座啊。

偶爾，我會做一些小事，看起來熱心有餘，但我卻不能不做。因為我總是在那些人的身上，看到我熟悉的家人、朋友的影子，所以沒有辦法冷眼旁觀。耐心地給路人指出正確路線，給公車上的老人孩子孕婦們讓位，給得到錯誤資訊的人一點正確的指引……微不足道，舉手之勞。

有年春天去參加一個會議，第一天午飯開吃後，有一個年紀略大的同行匆忙趕來，大概也沒什麼熟悉的人，他找了個空位坐下來，開始沉默地吃東西。

我心中一動。我在這個戴著眼鏡表情嚴肅的陌生人身上，看到了我爸的影子——他的五官、身材跟我爸完全不像，應該也更年輕一點，但他沉默的表情跟我爸真的有點相似。

吃到一半，大家都開始設置手機網路，想要用酒店的 Wi-Fi，他也要弄，但又不得其法，我主動提出幫他弄，搗鼓了半天才終於弄好。他心裡大概覺得很奇怪吧，這個陌生人怎麼對我這麼熱情？

第二天閒暇時間，有幾個人約了去市場買點東西，他也去了。

我和女生們在看首飾盒之類的小玩意兒，不經意一抬頭看到不遠處的他正在焦急地等待什麼，我便走過去問他怎麼了。他靦腆地笑了笑，說是看到一把牛角梳，想帶回去給妻子作禮物，但是找不到店員。

我問過另外一個工作人員之後，去旁邊的櫃檯找到店員，他這才付款買了梳子。當時我心裡想，若這是我老爸，他一定會從頭到尾被動地站在那裡等店員回來。而若是痴痴地等不到，他大概就會放棄了……所以我應該幫幫忙。

過去了許久，我早已經忘了那個人的樣子，以後應該也不會再見面，但我始終記得的是，他跟我老爸相似的那種感覺。

我不知道自己偶爾善意的小舉動，帶著體諒的心情做的事情，是否能夠吸引更多的正能量。但是我願意這樣做，哪怕是一個陌生人，我若善待他，也許，有一天他心有觸動，也會善待他遇到的別人吧？

這不是什麼了不起的事情，這只是最普通的善意。

所謂「老吾老以及人之老，幼吾幼以及人之幼」，看到老人想到自己的父母於是給他們一點幫助，看到孩子想到自己的子女於是給他們一點關愛，是再普通不過的事情。

更不要提我們的同齡人，都有著來自工作和生活的巨大壓力，都有著迫不得已的苦惱，都有著難以說出口的滄桑，這份懂得無須說出口，就能體諒，對嗎？

我們若是對別人多一點點體諒，釋放多一點點善意，許多尷尬就會被化解，許多矛盾就會消失得無影無蹤。

乘火車去外地，檢票前我排在第一個，一個五十多歲的阿姨提了東西過來，放在我的前面，然後招呼她的母親，一個更老的老太太過來站定。幾分鐘後，一個男人攙扶著一個特別老的老太太過來，也站到前面，四個人並排堵住了檢票口。

工作人員說需要留個出入口以防有趕著上車的人，四個人中必須有兩個往後靠一靠，但是他們誰都不退後，穩如泰山。

男人說：「妳們往靠後點兒，讓老太太在前面，她九十多歲了！」而早點過來的老太太也不甘示弱：「我都八十三歲了！」那男人又強調一次：「她都九十多了！」火花四濺，互不相讓。

誰都覺得自己特別一點，誰都覺得自己應該得到善待，可是卻忘了，陌生人之間的這種善意，更是需要互相激勵才會生發出來的。

最後是工作人員調停，把九十多的老太太先放進去，讓她在裡面等；八十三的這位站在入口，排在最前面。工作人員哭笑不得：「妳們兩位都八九十歲了，萬一來個匆匆忙忙的撞著妳們怎麼辦？」

沒人說話，互相不爽。

我們總是希望自己被這個世界善待，能夠得到尊重，能夠得到體諒，犯錯誤能夠被諒解，做好事能夠被獎勵。

可是有許多時候，我們卻忘記了善待別人。我們從小學過「以己度人」、「己所不欲，勿施於人」……可是我們卻又真的只把它們當成語而已。

願我們在點滴小事中可以善待別人，也願我們愛的人可以得到世界的溫柔相待。
你善待別人，才配得到世界的善待。

最大的成功，是成為自己尊重的人

一個真正付出了努力與汗水，一個不做自己所不齒的事情的人，一個盡可能去追求更好的自己的人，成了自己尊重的人，這就是最大的成功。

看過一個標題是「你那麼努力怎麼還那麼焦慮」，我忍不住笑。從我的經歷而言，許多人的努力正是源於焦慮。更明確一點，是對成功的過度渴望，才會讓許多人一邊努力一邊焦慮。

「成功學」幾乎在我們出生之後就被一再灌輸。小時候我們要比小朋友學習好吃飯多才藝棒才是成功；長大了我們得考進好大學找到好工作談個好戀愛才算是成功；再大一些，我們得升職快賺錢多有前途有人脈才是成功……我們從小就被灌輸各種各樣成功的標準和範例。

成功就像是一個怪物，給我們製造越來越多的欲望與幻夢，至於那是否是我們想要的，好像並沒有人在意，甚至我們自己也不是那麼在意。

因為成功是世俗的概念，只要得到世俗社會認可，你就是成功的；只要世俗社會不認可，你就是失敗的。

看起來很殘酷，可是我們一直在這樣的環境裡成長，早就以這樣的標準來判斷自己成功與否了。

之前因為工作的關係，接觸到了一個叫鄧博弘的人。噢，也是一個成功者的故事。他家庭出身很好，聰明有能力，年輕時替父親經營工廠很成功，後來對動漫產生興趣，就毅然決然地跳進了這個行業，熬夜學習，瘋狂鑽研，從一個門外漢做成了國內頂尖的特效公司……

創業成功功成名就的人有很多，而他對我的觸動很大，這是我認為的真正的成功者。

可以想見，當他回味過往，並沒有因為家境優渥就養尊處優，而是遇到了自己真正感興趣的事情，又傾盡所有去努力。曾經這樣拚搏過的自己，是多麼值得尊重啊。

而至於結果，已經不那麼重要了。

做為普通人，我們私下裡是有許多焦慮與猶豫的。

二十多歲的時候，我也曾動輒就想：我是否應該放棄自己的喜好與興趣，跳槽去一個更光鮮亮麗的行業，去實現人生的成功？

想一想，又算了，我怕自己會後悔。

我怕把自己的興趣和熱愛飼養了「成功」這個怪物後，它會吞噬我更多，我的時間、空間、自我，怕最後我會變成一個為了飼養成功而存在的人，而不是為我自己。

當然，這樣的過程反覆過很多次。偶爾你會聽說昔日的朋友腰纏萬貫，又或者從前的同事成了企業高管，父母不再提及「別人家的孩子」，可我們心中自有萬斤重擔，會自己去做對比，不是嗎？而每次做對比，心中就會起漣漪：「我到底該怎麼做才會成功？我是不是應該去追求成功……」

後來居然就想通了。

經過了時間的鍛造和內心的煎熬，真正認識到了自己的喜好與興趣，也真正明白了自己想要的到底是什麼樣的生活。

到最後，有了自己判斷成功的唯一標準：我要成為一個自己會喜歡、會尊重的人。我想，這是一種最深層的自我認可。

不喜歡懶惰拖沓的人，那就去成為一個勤奮努力的人；很鄙視偷奸耍滑的人，那就把正直誠懇作為自己的原則；厭惡斤斤計較蠅營狗苟的人，那就讓自己大氣一些，不貪圖小便宜，不做自己會厭惡的事情；看不慣長舌婦與搬弄是非的人，遇到類似的事情就繞開走，不要讓自己也成為其中之一……一個真正付出了努力與汗水，一個不做自己所不齒的事情的人，一個盡可能去追求更好的自己的人，成了自己尊重的人，這就是最大的成功。

一個人在年邁無力的時候，若是想到自己曾經蹉跎過的歲月，曾經辜負過的時光，曾經逃避付出的責任與努力，會不會是最大的痛苦？

許多東西可能求而不得，但成為自己尊重的人卻是可以通過努力做到的。

不過是做到自己的最極致，屏棄自己不喜歡的東西，拒絕成為自己鄙視的人。

我曾很焦慮地想：以我的平凡普通，以後怎樣讓我的孩子以我為傲呢？

幾年之後，我周遭的環境幾乎沒有什麼變化，我依然是個普通的寫作者，沒有腰纏萬貫，沒有名車別墅，我能給他的依然是最普通的生活，可是，我的焦慮卻消失得無影無蹤。

因為做為媽媽，我教給他的是：找到自己的興趣愛好，熱愛自己所做的事情，遇到困難要去解決，遇到挫折不要輕易放棄，相信這個世界的美好，但是也要原諒這個世界的不完美……我會慢慢引導他，去成為一個自己尊重的人。而這，是我能給他最寶貴的財富，也是他幸福感與成就感的巨大來源。

成功到底是要用什麼樣的標準來判斷呢？

這個還真是難說。

此時腰纏萬貫，也許幾年後又浪蕩街頭，這樣的例子在世界上並不少見；今日的呼風喚雨，也許不久後門可羅雀，權勢的更迭交替古往今來也並不少見……

大概，每個人對於自己的認可程度，才是成功的唯一標準吧。

在每一個夜深人靜的時刻，心中是踏實暢快、自豪淡定，而不是悔恨、愧疚、懊悔、難過，就是真正的成功了吧？

願我們能夠成為自己尊重的人。

真正的好命，是有生命力

擁有了強大的生命力，我們就擁有了永遠不會失去的「好命」，因為任何牌，我們都能打好。

「你抽到什麼牌不是最牛的，最牛的是你無論好牌還是臭牌都能打好」，這句話曾經一度很流行。

我們每個人都會遇到大事小事，有的是好像怎麼都翻不過去的山，有些是令人頭疼的小事，轉頭去看別人：「咦，怎麼他們的人生都那麼順遂什麼事情都很順利，他的命真好！」

每個人都有自己的煩惱也有自己的幸福。我們大多數人都不可能一輩子順遂如意，但是為什麼有的人每天愁眉苦臉而有些人卻能夠生機勃勃地翻山過河，保持著陽光的心態繼續前行？

因為生命力。

曾在深夜有讀者跟我聊了幾句後，感慨地說：「總體而言，妳應該是個方方面面都比較順利的人吧？」我忍不住笑。

不止一次有人這樣說，甚至跟我在一起超過十年的克萊德先生也會半是嫉妒半是感慨「妳就是太順利了」。別人這樣說的時候，我頂多笑笑，但他這樣說的時候，我一定會奮起反擊，因為他抹殺了我的努力。

偶爾我會說：「我命好也是我自己爭取來的！」

我的確是相對順利的。小時候沒有家境窘迫到讀不起書，長大了沒有因為交不出學費而不能讀大學，大學畢業沒有找不到工作流浪街頭或者在家啃老，戀愛結婚沒有吃不上飯養不起孩子。家庭穩定，身體健康，偶爾頭疼腦熱但無大礙——且慢，大部分人的人生難道不也是這樣的嗎？

我覺得這樣的人生就算是順利了，相比那些從小生活在饑寒交迫的家庭，又或者受到病魔威脅的人而言，我們的確值得再三感慨自己的人生太順利了。

所以，我喝一杯茶會覺得很幸福，看到藍天會覺得很幸福，和家人一起覺得很幸福，哪怕是淋著雨走在山頂看到蔥翠綠色，也覺得很幸福……我很珍惜這一刻的順利。

若是把這些片段揉碎來看，我抽到的都是好牌嗎？

當然不是啊。有時候，還真是有點「寸[15]」呢。

中考前政策突變，我原本有把握進的二流高中被劃區了，我最後只進了一所三流高中。當時，我失落得恨不得去死，覺得所有努力都付諸東流，特別對不起父母。這是人生的第一次失敗，意外促成了我高中時的格外努力。那是很叛逆的十六七歲，我曾經公開跟老師頂撞吵架，也曾經躲在被窩裡開著手電筒念書。

與我相反的是一位初中女同學，天資聰穎，學習不吃力，一點就通。中考時，她順利進入了那所好高中，一年之後卻因為早戀鬧得不可收拾；高考成績並不好，進了一所不入流的大學，還沒大學畢業又因為戀愛問題休學回家不知所終……

所以，好多時候我們真的不好說自己拿到的是好牌還是爛牌。

好牌如果不好好打，也有可能一敗塗地；而爛牌，若是認真打，也許還有反擊的機會呢。

若是我進入那所好的高中，大概以後的人生都會改寫，但我是否會比現在更好，真的很難說。

我那位同學，在很大程度上她就是太過順利了，家境不錯，人又聰明，在十幾年的人生經驗中，要風得風，要雨得雨，說沒有一點驕縱是假的。以至於最後，走到了令人唏噓不止的岔路上。

我也有過艱難的時候啊，但咬咬牙也能走過去，也能收穫意外的驚喜。

15寸：巧合、湊巧。

「非典[16]」封校，我們沒課上，也出不去，我在網上認識了克萊德先生，一邊寫稿子一邊談戀愛；寫文章讓我結識了一些朋友，非典過後，經人介紹進入雜誌社實習；第二年，我畢業後進入雜誌社工作，又過了兩年結婚……雜誌社的工作看起來光鮮亮麗，實際上一開始收入很低，薪水微薄到勉強維持基本生活。不過為了自己喜歡的事情，總是要付出代價的，對嗎？

在許多的瞬間，你都能夠深刻體會到「禍福相依」的命運，當我一再回頭去看那些決定我人生走向瞬間的過往時，我都在心中深深感慨：沒有那些令人沮喪的「壞牌」，就不會有我後來的「好牌」。

如果沒有「非典」封校，我不會認識克萊德先生，不會去雜誌社實習；如果不是因為雜誌社的收入很低難以維持生活，我可能不會那麼努力地寫稿子；如果沒有這一份堅持，我不會一寫就這麼多年仍沒有放棄，實現了兒時的夢想……

許多時候，我不喜歡攤開自己經歷過的「苦難」給別人看。有些痛苦，不足為外人說。因為每個人的人生經驗都與眾不同，我們每個人對自己苦難、痛苦的深刻理解，無法企盼其他人也達到這麼深；而若總是絮絮叨叨，我們很有可能就會走到「祥林嫂」的歧途上。

也許真的有人一帆風順，但那個人不是我。

我小時候，很害怕媽媽說「這個月的薪水花完了」，家裡只有老爸賺錢，總是覺得捉襟見肘；讀大學時，我很早就決定不考研究所，妹妹比我晚兩年也要讀大學，父母已經無力承擔這麼多；工作之後，我所在的雜誌社並不是強勢媒體，那種邊緣化是非常難受的，除非你更努力，因為你這個人足夠好，一切才會更好；畢業後，我曾經為了辦理戶口和檔案，求告無門，痛苦不已，最後是同事和一位網友給我幫忙弄妥當……我今天所擁有的一切，有許多是別人給予的，比如我的家庭，比如我的另一半，比如我的同事和朋友。

但是生命力這件事，是我自己的。

而正是這源源不斷、永不枯竭的生命力，讓我「註定」擁有了這一切。一切的好，一切的順利。

蔣勳先生在講《紅樓夢》時，講到劉姥姥給王熙鳳的女兒起名字時，提到了生命力的問題：所謂生命力，就是災難不再是災難，危機不再是危機。在我們的生活中，有時候遇到一點小事就覺得過不去了，其實就是生命力弱了。

我們看到一個人永遠都朝氣蓬勃精神十足，偶爾有點沮喪，但是轉而又恢復如初，彷彿他從來不會被打倒，這種人就讓人覺得很讚啊。

16 非典：即非典型肺炎，中國大陸通常用來代稱 SARS。

我們總是讚美那些成功的人，崇拜那些失敗過又東山再起的人，我們卻鮮少打定主意，在自己的人生中，做這樣一個堅韌而強大的人。

那些永遠都陽光積極的人，那些永遠不會被打倒的人，那些可以東山再起的人，是他們沒有受過傷，沒有經歷過苦難嗎？

當然不是，而是這個人生命力非常強。遇到山，他能爬過去；遇到河，他能渡過去；遇到困難，他能去解決、去承受；遇到一切，他都會想辦法，而不是坐在地上哀號痛哭：「哎喲，我的那個命啊！」

當他們不把災難當災難，不把危機當危機的時候，他們的生命中還剩下什麼呢？當然就是那些快樂的、陽光的、積極的事情。

那還有什麼理由不揚起笑臉，熱情洋溢地生活下去呢？

天生好命的人實在太少。天生命不好的人，也同樣很少。太多人是因為缺乏生命力，所以才導致自己總陷入「命不好」的泥沼中。

想想看，我們並不是命不夠好，只是有時候養尊處優又或者太過順利，令我們逐漸失去了自己生命中最要緊的生命力。

擁有了強大的生命力，我們就擁有了永遠不會失去的「好命」，因為任何牌，我們都能打好。

實現夢想，是一場異於尋常的堅持

慢慢走，扎實而努力，不輕言放棄，選擇了就頭破血流地去試一試，才有可能看到成功的彼岸。

有個年輕的女孩問我：「妳的寫作之路，是怎麼走到今天的？」

她說她非常喜歡寫文字，在學校拿過不少獎，但她很迷茫，不知是否該走下去，又不確定自己是否適合走這條路……她問我：「小木頭，妳以前有過投稿失敗的經歷嗎，多嗎？」

我在她身上，看到了許多年前的自己。

當我迷茫無措，覺得前途茫然不知何去何從的時候，我也曾在心裡無數次地想，不知道那些「終於寫出頭」的作家們，是否也曾經有過這麼艱難的時候？

譬如投稿失敗，譬如稿子被斃，譬如石沉大海，譬如不知道自己該寫些什麼——噢，是否應該轉去做點別的事情，寫字這條路也許對我而言只是奢望吧？

遺憾的是，如果現在讓我重遇十多年前的自己，我依然無法回答那些問題。

因為這條路，是怎麼走過來的，我明明也並沒有那麼篤定，那麼瞭然於心。許多時候，我只是摸著石頭過河，忐忑不安，局促惶恐。這樣的時刻太多了，許多瞬間，我的腦子裡也會閃過「放棄吧」的想法。

但每一次，都只是閃過。

第二天或者過幾天，我又像是郝思嘉說的那樣，「明天又是新的一天」，只要太陽升起來，就還可以充滿希望。

所以，我只能跟那個女孩說一句：「做任何事情都會遇到瓶頸，這是我給妳的忠告。」這是我最誠懇的建議。

我初中時學過繪畫。我根本沒有繪畫天分，興趣也不濃厚，唯一印象深刻的是一位老師說過的話：「學畫的過程中，大多數人都會遭遇到瓶頸期。本來覺得天天有進步的，但是突然有一天，就迷茫了，不會畫了，不知道該怎麼畫了……如果突破這個瓶頸期，又會有突飛猛進的進步；若是突不破，就不會再有進步了，再勤奮、再努力，也是在原地打轉，所以很多人就放棄了。」

這麼多年，我覺得自己和周圍人一直在隱約驗證著這個「瓶頸理論」。

無論在學習還是在工作中，似乎都有這樣的時候：在實現所謂夢想的過程中，總會遇到一段或長或短的瓶頸期，枯燥、無奈、感覺自己碌碌無為、糾結自己是否該繼續走下去……

無論是寫作，還是從事別的工作，許多人的身上都有這樣的故事發生。

最後超過80％的人都放棄了吧，所謂最初的夢想，都留在了傷感的記憶裡。

所以，我們總是豔羨那些實現了夢想的人，羨慕他們過自己想過的生活，從事自己喜歡的工作，擁有自己喜歡的一切。他們是傳說中實現了夢想的勇士。

為什麼大部分人並沒有實現夢想，只是「為了生活而生活」？

因為無法堅持，因為半途而廢。

初初踏入社會時，都滿腔熱血，一臉純真，興沖沖地朝著夢想飛奔。我們有熱情有夢想有力量，以為自己勢如破竹，不可阻擋。

可是，一旦遇到瓶頸與挫折，有許多人就開始左顧右盼，心神不寧。半途而廢的是大多數，會給自己找個冠冕堂皇的理由——夢想撞在堅硬的現實上破碎了，總要養家糊口才能奢談夢想啊……而事實是，太多人不過是因為無法堅持。

別再找理由了。你只是堅持不下去了，就承認好了。

一旦堅持的力量坍塌，就會自我懷疑，在糾結徬徨之後又開始為自己開脫，找個社會大眾能夠認同的理由，讓自己「脫身」。這簡直是一條不歸路——夢想沒實現，現實不甘心，一顆心總是吊在半空中，滿腹遺憾，胸有怨氣，晃晃悠悠，難以踏實。所以才會特別羨慕那些過上夢想生活的人啊。

那個曾經在半路上放棄的自己，沮喪地留在了原地。

這些我全部經歷過，至少，思考過。

我曾經猶豫徬徨，曾經自我質疑，曾經在很長一段時間裡，陷入夢想與現實的糾纏中不知如何自處。但是即便經歷過這些，我發現自己還是很熱愛這件事，所以即便在最艱難的時候，我也是如履薄冰地堅持。

在日子過得實在捉襟見肘的時候，我曾經做過某個房地產網站的兼職編輯，賺點外快讓經濟更寬鬆一點，如此一來，我就可以寫自己想寫的東西。

當你想要堅定地做一件事情的時候，你會想盡一切辦法，走下去。

雨水充沛的夏天，我家的院子裡雜草叢生，十分茂盛。

天氣晴好的下午，我去拔草。最開始，我彎著腰，兩手並用，覺得有無限力量與信心，行動迅猛。

沒過一會兒，就腰痠背疼，動作越來越慢，責怪自己自討苦吃——蚊子很多，滿身都被叮了好多個包。

這時，我想起小時候，看到農民們在田地裡拔草或者割麥子都是蹲著的。於是我也蹲下來，兩隻手依然左右開弓，蹲著看似走得慢，但實際上一直在前行，因為踏實而有效，堅持得也就更久。

我們許多時候都會遇到艱難與挫折，覺得自己選擇的這條路不好走，想要放棄，想要拐彎，想要……最初的興奮與熱情揮灑殆盡之後，剩下的是無休止的挫敗感與痛苦，無奈與糾結。

這時，不妨放下那些好高騖遠，放棄那些長篇大論，實現夢想並不是多麼偉大遙遠的事情，不過就像是拔草一樣，是透過一點一滴最普通的積累才能夠實現的。

路不好走？

那就走慢一點。哪怕再慢，只要你一直是在向前行走。

慢慢走，扎實而努力，不輕言放棄，選擇了就頭破血流地去試一試，才有可能看到成功的彼岸。

不是每個人都能實現夢想。

但我相信，堅持，是不可缺少的理由。

時間給了我一盒巧克力

這些年，走過許多彎路，也錯過了無數美好，甚至蹉跎過時光。令我慶幸的是，當我接過時間給我的這盒巧克力，我不再焦慮惶恐，更不會惴惴不安。

同事從國外旅行回來，送給豆豆一包巧克力，五彩斑斕。

拿了一粒黃色的遞給他，我打開一粒藍色的，是濃濃的酒味；豆豆讓我嘗嘗他手中的那一粒，是另外一種甜蜜滋味……我看看那包五顏六色的巧克力，心想：也不知道那些巧克力又會是什麼味道呢？

許多年前，《阿甘正傳》中的那句名言曾經流傳開來：「生活就像一盒巧克力，你永遠不知道自己會得到什麼。」

彼時的我，完全不理解這句話是什麼意思——一則見識少，我們吃過的巧克力每一盒都是同一種口味；二則生活簡單清澈，無非就是上學、長大，幻想著以後可以找一份好工作，有一個幸福的家庭，可是這其中會經歷什麼？一無所知。

到現在，才漸漸明白那句話的意思。

是的，生活就像是一盒口味繁雜的巧克力，在吃下去之前，你真的不知道自己將得到的是什麼——是甜蜜，是苦澀，是順利，是艱難，是快樂，還是煎熬？

我們永遠不知道自己將要面對的是什麼，看似玄幻而宿命，實則又充滿無盡的希望。

我的第二本書《最好的時光剛剛開始》出版之後，朋友們曾經開玩笑說：「沒想到策劃了一年多的書居然到現在才出。」我也是，感慨良多，繼而告訴他們：「你們可知道，我真正寫的第一本書，到現在還沒出版呢。」

譁！

大家七嘴八舌，我卻沒什麼感覺，從前的焦慮急迫，早已經被時間過濾掉了，剩下的更多是坦然面對。

許多事情，走著走著就變成了這樣，那我就去相信吧，遇到什麼就是什麼，一切都是最好的安排。

我們每個人，要經歷多少次這樣的淬煉與打磨，才能淡然理解那一句「時間就像一盒巧克力，你永遠不知道自己會得到什麼」。

小時候，好好學習，奮鬥努力，被父母跟「別人家的孩子」比來比去，我們總以為自己會有一個光明的前途，可是哪怕一個老師對你態度是否和藹，都會影響到你的心情繼而影響到你的學習成績，我們的生活哪裡是坦途，上面遍布著無數的小石子啊。更不要提長大後，就讀的專業、求職的目標、進入的行業、職場的環境……一切的一切，帶著一顆火熱的心來到這個世界的我們，卻發現，下一秒要面對的是什麼，我們都不知道。

唯一能做的，不過就是面對與接受。

讀高二時，我一想到高考就緊張得無以復加：若我一時疏忽做錯了一道題，那麼錯失掉一分，都可能改變我的命運啊！這樣的「恐嚇」，老師不止一次跟我們講過，根深蒂固，然後變成了一種潛藏在心中的恐懼。

可是又能怎樣？該要面對的時候，總是要面對吧。

反而到了高考的時候，整個人都放鬆下來，因為之前已經足夠努力，剩下的就交給命運吧。

遇到一些深陷在痛苦中的人，我都不知道是否該同情他們。

有的人不肯接受自己的出身，平凡的家庭無法給予更多的資源支持，對他們而言成了一輩子的傷痕。聽過那麼多勵志故事，他們卻選擇相信每個背後都是「成功厚黑學」，為自己的不努力找藉口，頗多怨言，歸根結柢還是怪出身平凡。

有的人覺得自己的命運不好，談了不該談的戀愛，嫁了不該嫁的人，遇到了不該遇到的事，最後一切都成了錯誤，堆成了堆，怨天尤人，心煩意亂……無心生活，自然也就無心改變人生。

讓一個人安於現狀固然不對，但是坦然地面對現狀、平靜地接受現實並且通過努力去改變它，總不算錯吧？

這些年經歷過那麼多反覆與曲折，有時候想來，真是有趣極了。想做的事情，有很多並沒有實現——高考終於沒有進入那所最想去的大學，畢業後終於沒有成為最夢寐以求的電臺主持人，終於沒有去大都市長長見識，沒有在偶像「成名要早」的召喚下出書成名……

時間給了我一盒巧克力，我接過來，有一些真的是酸的澀的，味道不夠甜美。又怎樣？這是我要面對的，我就必須去面對啊。除了面對，我還可以接受、還可以改變，不是嗎？

在那些「不順」中，我讀了自己喜歡的專業，進入雜誌行業，寫著寫著，寫到現在，心態平和，眼光堅定，竟覺得比年少輕狂熱切癲狂的時候，要好很多。

因為文字漸漸通了心，從小我看到大世界，漸漸也就看到了眾人。

這所有，我都以為是意外之喜。

也許，它們最初是那些酸酸澀澀的巧克力，只是我在時間的淬煉之下，在無數的歷練之中，漸漸成長，我付出的努力也漸漸改變了它們的滋味。

這些年，走過許多彎路，也錯過了無數美好，甚至蹉跎過時光。

令我慶幸的是，當我接過時間給我的這盒巧克力，我不再焦慮惶恐，更不會惴惴不安。我只是淡定地接過來，慢慢吃。

我相信，我能品出它最好的滋味。

是獨立女性，也能歲月靜好

真正優秀出色的女性，不但能夠享受獨立自強的感覺，也能體味到歲月靜好的快樂。

在IKEA的自助提貨區，我費了九牛二虎之力才把一包貨搬進購物推車裡，第二包更大更沉的怎麼都搬不動，我筋疲力盡，氣喘如牛，只好另外想辦法，找來一輛低矮的適合拉大件貨物的推車，總算把那些大東西推到了結帳區，又推著它一路橫衝直撞左躲右閃地去了發貨區。

四十分鐘後，我坐在COSTA裡喝咖啡滑手機，等朋友吃飯，看起來風輕雲淡，歲月靜好。

批判「歲月靜好」不知何時成了一種流行，尤其是朋友圈裡那些曬曬花兒拍拍下午茶的女人們，動輒就成了另外一撥人批判的目標：要麼是在裝，要麼是在秀，再或者，根本就是在消耗別人的辛苦，來成就自己的歲月靜好。

我自己，不算是個女漢子，但「獨立女性」這四個字還是擔得起的。

我工作，哪怕有一天不上班，也能養得起自己；我能夠打理各種大小事，大到工作合作，小到家庭物業；我肩能扛手能提，不超過能力範圍的體力活做得還蠻多的……我喜歡通過自己的能力，把生活一點一點地變成我喜歡的樣子。

而同時，我也喜歡歲月靜好，怡然歡喜。

我會在週末睡到自然醒，做個起司蛋糕，用最喜歡的茶器在院子裡享受春光喝個下午茶；我時常偷空去花市，買幾束鮮花，擺放在家中的角落裡，偶爾瞥見都是滿滿的好心情；我寫文章時，不但喝茶，還會點一支伴月香，愜意到心醉；我每年都有出遊計畫，煙花三月下揚州，抑或在西湖邊上喝杯咖啡，享受暫時出離的快樂……

我從來不覺得獨立女性就該滿臉焦慮緊張兮兮，我們會工作也會生活，會拚命也會享受，這才是真正豐富有趣的生活。

而最有趣的莫過於，夏夜加班到凌晨，喊著三兩好友在微風中吃烤串喝生啤，是穿越槍林彈雨後的風輕雲淡，瘋狂又甜蜜。

我媽跟我完全相反。她做了一輩子的家庭婦女，用現在比較時髦的詞是：全職太太。她年輕時做過一兩份臨時工作，只有幾年時間，其餘的大部分時間，她待在家裡，照顧家庭，做些零散的手工活。

小時候，我爸在幾十公里之外的學校任教，週末才回來待一天。所以，大部分時候我們家只有母女三人，相依為命的感覺。

有個冬夜，天很黑，風很大，躺下沒過多久，我媽突然胃疼。這是她的老毛病，家裡常備著藥，但是那天吃過藥之後一時沒有起作用，她疼得大汗淋漓，痛苦呻吟。

我和妹妹都很害怕，又不知該怎麼辦，尚不懂事的妹妹很緊張地問：「妳會不會死啊？」我媽居然還開玩笑：「如果我死了，妳記得去告妳爸爸，說是他不管我們……」我妹說：「好。」我媽還問：「妳打算怎麼告他？」她們你一句我一句地瞎扯，我手裡捏著一把汗，不敢說話，不知道她會疼多久、多厲害。後來胃藥終於發揮作用，我媽說「沒事了」，我們才鬆了一口氣，相繼入睡。

第二天，她一早喊我們起床，催我們吃飯、上學。她在家裡忙忙叨叨，到晚上我們放學回家，她已經做好晚飯，催我們吃飯、做作業、睡覺，一如往常。

很多她的同齡人都表達過對她的豔羨，因為她嫁給了有文化、當老師、能賺薪水的人，不必像其他農村婦女一樣在田地裡賣力幹活，不必風吹日曬過早衰老。她只要照顧好我和妹妹就可以了，家裡主要的經濟來源是我爸的薪水，多好！彼時，好多人都帶著羨慕的口吻跟她說：「妳看妳，皮膚這麼好，身材也好，穿什麼都好看！我的臉曬得這麼黑，穿什麼都不好看！」我媽的確愛美，喜歡買衣服，但凡她看上的衣服穿上一定好看，她為此很得意。

她最得意的，是她的生活。

她對自己人生的每個階段都表現出很滿足的樣子，儘管她很少表達，但她的內心幸福感一直很足。哪怕是捉襟見肘借錢給我和妹妹付大學學費的那些年，也是如此。她總是樂觀積極的，很少聽到她抱怨什麼，更沒唉聲嘆氣、愁眉不展的時候。她很少羨慕別人，大多數時候想的是怎麼在能力範圍內過得足夠好，這對我後來的生活觀有很深的影響。

放在今天，她大概會是人們說的那種「歲月靜好的女人」吧，男人辛苦賺錢，她在家裡帶帶孩子做做飯買買衣服聊聊天就過去了，不是嗎？

而實際上，她一點都不閒。

帶兩個孩子本身就是很辛苦的事情，她還時常做些手工活貼補家用，她還要照顧她年邁的奶奶和尚未成家的弟弟。因為我媽比較有空，所以哪個姨媽家農忙需要幫手，她一定是最先被想到而且也一定會去幫忙的那個，週末的時候還加上我爸……我媽為人爽快，做事俐落，很少糾結，所以儘管她不認識太多字，但無論大小事我爸都會跟她商量，而且她拿主意的時候很多。

後來我爸調回來工作，一家四口的生活平和而溫馨。而我記憶中最美妙的時刻，就是晚上睡覺時聽著父母在另外一個房間裡絮絮地說話，早晨醒來時，仍然聽見他們絮絮地說話，聽不清內容，但是知道他們有商有量，溫馨和煦。

這一直是我心目中婚姻幸福的範本。尤其是我也走進婚姻許多年之後，尤其是朋友告訴我結婚多年之後跟丈夫除了每天吃什麼、做什麼這些再也沒話可說之後，我更加覺得父母那清晨夜晚的絮絮交談是多麼地可貴。

若是模糊地說，我媽媽做了一輩子家庭婦女，沒有「自己賺錢買花戴」，但毋庸置疑，她跟我爸一樣重要，是我們家的精神支柱。

真正優秀出色的女性，不但能夠享受獨立自強的感覺，也能體味到歲月靜好的快樂。

最重要的是有把自己和生活打理好的能力。無論妳是在職場奮鬥，還是在家裡忙碌，都是如此，甚至，一個全職太太的付出與辛勞，一點都不比一個上班族少。

講到底，我們努力奮鬥，辛苦勞作，除了要在社會立足，在職場上有一席之地外，最重要的不是為了換回有一天可以歲月靜好嗎？

可以全身心地擁抱生活，可以有時間慢慢品一杯茶，有心情低頭聞一朵花，可以有能力出門去看看世界，換一個角度看待生活和自己。

人生賽場上，站在起跑線上的只能是你自己

不管有沒有師父，在人生賽場上，最終依靠的只能是自己的勤奮、努力、堅持和隱忍，首先你得是千里馬，然後才有可能遇到伯樂。

我不止一次遇到過這種情況了，這一個很典型。

這位讀者朋友發消息給我說：「小木頭，我也想寫文章，我也想做個公眾微信號，讓更多的人看到我的文字，關注我！」我回覆說：「好呀，寫吧！」這位讀者朋友又發來一條：「可是，我怕被人笑話！」

我竟無言以對。

最初遇到這種情況時，我一般都是鼓勵有加，甚至端著滿滿的雞血勸人家喝下去，說什麼「你要先開始寫啊」，什麼「你不練習怎麼會進步呢」，還有「你不開始怎麼知道自己能不能做好」，各種我認為有用的建議。

但是，後來許多人的反應讓我意識到，對於我認為的肺腑之言，在他們眼裡更像是不痛不癢的心靈雞湯，或者毫無用處的勵志雞血。他們認為自己不缺這些，而是缺一個

能手把手教他們技能、引他們入門，最好還能夠把他們送上成名快車的伯樂或者師父。這個師父啊，最好能夠教他寫文章該如何立意，行文該如何遣詞造句，甚至什麼時間寫作會比較有感覺，往哪裡投稿會比較穩妥受歡迎，若能夠一鳴驚人自然是最好的。所以做個公眾號是許多人最初的選擇，能不能堅持，卻是另外一回事。

看過太多這樣浮躁而草率的「求教」之後，我漸漸也疲乏、厭倦了。

但我對他們的做法是理解的，畢竟，我曾經也產生過類似的心情。

二〇一二年，我在好朋友葉萱的引薦下，認識了出版人亞娟。

彼時，我寫字很多年，隨筆也寫了兩三年時間，但大部分都是給雜誌撰寫的專欄，並沒有系統規劃，處於一種堅持寫但雜亂無章的狀態。

寫得久了，自然也希望能夠更上一層樓，譬如出書，譬如系統地寫作。

所以，在我們見面之前，我曾貿然地給亞娟發過微博私信，大意是希望能夠得到她的指點和啟發，以後在寫作這條路上走得更遠——她在出版業浸淫多年，對於當時的我而言，當然是非常理想的前輩、引路人這樣的角色。

亞娟的回覆是這樣的：「寫作得靠天賦還有勤奮啊，多讀書，多練筆。還要看領悟。其實寫作我一時半會也說不清，主要靠個人跟寫作的契合點了……」這條回覆至今還在我的微博私信裡。

時至今日，才能夠非常深刻地理解這段回覆，因為每一條、每一點都非常對。今天的我對其他寫作愛好者能給出的建議，也不過是這幾條。

但說實話，三年前收到這條回覆的時候，我不能說不失望。因為我覺得這更像是幾句糖水話。努力啊，勤奮啊，這些誰不知道?!說白了，我難道不是希望她給我多一點關注，甚至給我指一條捷徑可以讓我迅速走上寫作的坦途嗎？

我當然是。

唯一不同的是，我因為非常熱愛這件事，所以還是堅持默默地寫，摸著石頭過河，不知道往哪裡投稿會好那就到處投，不知道能不能出版成書，那就先寫得足夠好再說。先把自己能做的事情做好，總是沒錯的。

我們心裡總希望能夠找到捷徑，希望伯樂突然發現自己的才華——甚至，可能連自己都尚未發現過的優點能夠被別人篤信，那都會是一種非常大的幸運，驚喜的人生。

但是大部分情況下，這只是一場白日夢。

一個人即便是才華橫溢，大部分情況下也需要付出時間和忍耐等待成功之日，更不要提大部分人都是才華平平，唯有靠努力、靠勤能補拙才能彌補那些天賦上的不足。

把希望寄託在一個引路人、一個伯樂，或者一個師父的身上，是特別不可靠的事。

舉例來說吧，就好像是：你沒有岳雲鵬的才華和堅持，卻總希望碰到一個郭德綱給自己當師父。

岳雲鵬成名後曾提及，他當服務生時被郭德綱發掘帶入相聲圈。但他半路出家，很多人不待見他甚至排擠他，哪怕他天天勤學苦練，哪怕他掃地擦桌子，也沒有什麼改觀。

有一天德雲社開會，討論是不是應該讓岳雲鵬離開，郭德綱說了一句話，讓岳雲鵬一輩子難忘。郭德綱說：「小岳就是給我掃一輩子地，我也認了。」

這段小插曲，在小岳岳紅透半邊天時再拿出來講，非常心靈雞湯，非常令人感動，是不是？

但若是我們再想一想，郭德綱闖蕩江湖那麼多年，若是岳雲鵬沒有過人之處，他會這麼篤定地發掘他、教導他、留下他甚至力捧他嗎？

說到底，站在起跑線上的，只有我們自己。

不管有沒有師父，在人生賽場上，最終依靠的只能是自己的勤奮、努力、堅持和隱忍，做為芸芸眾生的我們，不能把希望寄託在別人身上。最起碼，首先你得是千里馬，然後才有可能遇到伯樂。千萬不要把這件事搞反了，他們的作用只是錦上添花。

而唯有你自己，先站在起跑線上，把自己該做好的事情做好，付出該付出的心血，你先邁出自己的腳步，跑出自己的漂亮姿態，才有可能看到前方的風景，才有可能遇到半路的引路人，才有可能獲得更多的資源和幫助。

你讓自己值得被幫助、被成就、被堅信，接下來的事情，才有可能順理成章。

要知道，努力是不分年齡的

努力是不分年齡的，雖然付出努力卻未必一定能夠達成所願，但是只要你付出過努力，就一定會有屬於你的收穫。

我剛大學畢業進入雜誌社工作時，非常開心，因為那是我很喜歡的一份工作。但忐忑也非常多，單位裡各種人員的身分不同、待遇不同，做為一窮二白沒有人脈也沒有後臺的年輕人，少不了會有幾分不安。

在一個什麼場合，突然聽到有人提「你有沒有想過自己的職業規劃是什麼」——雖然不是針對我的，但我腦子裡「轟」的一下懵了幾秒鐘，因為我從未想過自己的職業規劃。

當時我只想畢業之後留在這座城市，做一份喜歡的工作，至於五年之後的我是什麼樣子，十年之後我要做出什麼成績，這些都未曾考慮過。

這個詞像是一根刺，扎進了我心裡，留了很多年。

對一個職場人而言，你如果有職業規劃，就意味著有清晰的目標，走起來會更堅定，方向更明確，過關斬將，披荊斬棘，走到一個你想要的境地去。而若是沒有，大概就會像我一樣，憑著自己的喜歡和熱情，這麼低著頭走，走到拐彎處，當然也會心情起伏一下，調整一下，繼續往前走。

如果可以，我還是會建議我周圍的年輕人，盡可能早一點找到自己喜歡的事情，從事自己感興趣的工作，然後有職業規劃，但這件事說起來容易做起來難。

很多人在年輕的時候，尤其剛踏入社會的時候根本不知道自己想幹什麼——上大學時候的科系可能是家人或者師長朋友推薦他們選的，畢業之後若是不從事相關行業又覺得太浪費時間了。總之，很多時候都是這麼湊合過來的，到真正痛苦的時候，又一下子找不到方向，這種情況比比皆是。

如果前方渺茫，不知道該去向哪裡，而且又覺得身不由己，怎麼辦？這是我之前時常會思考甚至焦慮的問題。

我的答案是：做好眼前的事，再去想你的未來。

好像，除了做好眼前的事情，除了把你現在能做的事情做好之外，並沒有其他更好的辦法可以抵抗你的焦慮，可以鋪墊你的未來。

小時候我爸總說我「無志之人常立志，有志之人立長志」，那時候我每次考試不盡如人意，就咬牙切齒地發誓我下次一定會考得更好，好像發誓立志這件事就能夠在不遠的將來實現一樣。

而實際上，考試幾天之後，當時發奮努力的心情成了過眼雲煙，成績再一次不盡如人意，於是就繼續發誓立志……

二十多歲的時候，身上還有類似的毛病，覺得前路茫茫看不清方向的時候，也曾咬牙切齒地想：我一定得做出一點成績，混出個什麼樣子來啊！然而轉頭去焦慮去煩躁去浪費時間，哪裡有可能實現呢？

《孤獨小說家》中，作家耕平四十歲了，入行寫小說已經十年，但除了獲獎的處女作曾經獲得過關注與再刷之外，十年裡出版了十多本書，每一本都默默無聞，甚至到了第十年，有的書首印還要被減少（首印指的是第一次印刷的數量，對於不可能有加印的作家而言，首印版稅差不多就是他拿到的全部稿費了，至關重要）。

他也迷茫，也徬徨，也曾為了房貸和生活發愁，也曾私下裡思考，如果不當作家了，自己還能做什麼工作呢？真的是愁腸百結啊，許多時候自言自語，失魂落魄。

做一件事情，興趣與愛好是驅動力，但是能夠促使我們做下去的，還要有努力、堅韌、毅力，以及機會。

耕平的出版商在這十年裡越來越少，他很擔心有一天出版社再也不肯出自己的書，又該怎麼辦呢？他為這些事煩透了心，但又無計可施。喃喃自語，鬱鬱寡歡之後，他還是要日復一日地寫下去，因為這是眼下他能做的事情，盡力把它做好，然後再去發愁未來吧。

如果只想著詩和遠方，而不顧眼前的苟且，大概真的是痴人說夢吧?!

寫了十年的耕平，為了愛好，為了生活，為了兒子，以至於到後來別人給他的作品至高評價的時候，他都有點不太相信，後來又在心裡想：也許這十年中，自己的文字功力真的有長進吧？——這個部分，我特別喜歡。

雖然付出努力未必一定能夠達成所願，但是只要你付出過努力，就一定會有屬於你的收穫。這是我一直堅信的。

對於耕平而言，不是最初一炮而紅，不是書籍再刷，而是不知不覺中文筆的進步。

而更多人收穫的可能是職場經驗、工作心得，哪怕是坎坷，都是財富，因為你爬過一座山，下一次就不會怕它；你走過一次彎路，下一次就不會走同樣的彎路。

生活不是小說。不是每個人都能像耕平一樣，終於苦盡甘來，大獲成功。

更多的我們，可能仍然會在平淡如水的生活中，在充滿煩惱和瑣屑的工作中，步履艱難地前行。但是心中的迷霧，會因為你的認真執著而慢慢退散，那些不確定的因素，會因為你的篤定而消失。

曾有網友問我：找不到工作，心裡很煩躁，怎麼辦？

我想，能做的大概就是，好好地認真地寫一份簡歷，找你感興趣的公司投出去，認真面對每一次面試，認真爭取每一次機會。

煩惱解決不了問題。而努力，有時候可以。

努力是不分年齡的，每一個我們，都有機會。我寫了十年文字，三十四歲才出版第一本書，對我而言這是剛剛開始呢。許多人比我年輕，比我有才華，為什麼還不去做你能做得最好的事情而要把時間浪費在擔憂和煩惱上呢？

我們都還年輕，都還有機會。

所以，加油，內心年輕的青年們！

Part.4

做一隻優雅的刺蝟

你不合群……那挺好的

敏感的人，成為一個從眾者會非常痛苦，壓抑個性，還要心不甘情不願地假裝盲目跟著人家走，一半清醒一半糊塗才是最累的。

我是一個很敏感的人。

這種敏感的外在表現不是特別明顯，好多時候，只有我自己能感覺到內心那輕微的「一動」——特別知己的朋友能從我眼角眉梢裡體察到，但這樣的朋友少得可憐。

也是因為這份敏感，我並不是一個多麼合群的人。

從小到大，我身邊都有一兩個好朋友，卻從來沒有過真正地融入一個大圈子或者身邊朋友特別多的情形。我似乎很難進入那樣一個場景，大家一起縱情歡笑，熱鬧非凡，我是人人，人人是我……

做為一枚苛求完美的處女座，我在小小年紀時就意識到這個問題了，甚至為此苦惱過。但，又能怎麼辦呢？

約要好的同學結伴上學、放學，課間跟其他同學一起玩橡皮筋、丟小沙包……小女孩們能做的不過是這些。小學的一個週末，我們幾個女孩還一起去過一處河灘玩，回來的路上買了奶油冰淇淋，非常好吃。我對於這件事的記憶幾乎都停留在冰淇淋的美味上，為什麼去又怎麼回來的，全都不記得。明明，我是為了成為一個有好多朋友的人，才會做這樣的事情。

我們小時候，都會搶著跟學習好的同學交往，向她示好，渴望得到她的回應，就好像是白雪公主和她的小矮人一樣。

並不覺得當小矮人有什麼不好，重點是周圍還有其他小矮人，還有白雪公主，好像擁有許多朋友，就擁有了全世界一樣。

到十四五歲，我突然就開始習慣不合群這件事。

因為做什麼事情，都好像不能跟別人一樣。當時有個特殊原因是，我爸恰是我就讀那所中學的校長。

不知道別人遇到這種事情如何處理，對於我，首先要面對的就是洶湧而至的各種壓力——我要更努力考好成績，不能給他丟臉；我要舉止得體大方，不能讓他因為我而臉上無光。接踵而至的還有，周圍的同學對待我的方式。這是很難說明的感覺。

但後來幾乎是在一夜之間，我突然明白這種微妙，也會站在別人的角度上去理解為什麼他們會有意無意地「孤立」我。

彼時，我的同桌是個高個子女生，頭髮很長，大眼睛，說話聲音也很大，個性活潑外向。我們兩個很要好，上課下課都膩在一起，少女時代那種典型的濃情蜜意，有時會找來一把指甲刀，給對方剪指甲，這是很親密也很自然的舉動。

有一次，我請她幫忙剪指甲，她頗有點為難地對我說：「我以後不能幫妳剪指甲了，別人會說我……」她沒有說出後面的幾個字，我卻驟然明白。

進而是憤怒。我覺得自己的感情被褻瀆了，我們之間真誠而純潔的友誼，怎麼可以被這麼世俗無聊的眼光束縛呢?!

憤怒的結果就是，我從那之後再也不跟她說話了。

這種簡單粗暴的處理方式，最初令她很受傷，她嘗試過各種方法跟我重修舊好，我卻從未動搖過。一直到初中畢業，要分別了，我才重新跟她說話，但感情早已不復往日，連普通同學都不如，我甚至早已記不起她的名字。

我並不是責怪她，從過去到現在，我都沒有責怪她。我只是有一種無明業火，為這種莫名其妙的被孤立，為她竟會如此在意別人的目光，為自己交往的朋友居然如此懦弱……從她開始，我想：既然我不能合群，那個群也不太適合我，那，就這樣吧。

那個「群」裡，沒有我想要的東西，每個他都不是他，是另外一番面目，而我卻不能變成另外一個樣子。

我曾經嘗試過去努力，比如努力成為大家都喜歡的那個人，後來發現這真的很難，大概需要有天生而持久的魅力，像是一種密碼，未必人人都能持有；我也試過成為有很多朋友的人，這也很難，「朋友」的概念如今變得模糊而曖昧，偶爾湊在一起吃飯喝酒吹牛是朋友，時常湊在一起講八卦說算計互相增加負能量的也號稱是朋友，可我想要的是哪怕不說話也可以賴在一起的那種朋友……

總之，最初發現自己的努力總是會面臨失敗的時候，也是會沮喪的。

可是，如果要讓我停下來，成為一個別人講八卦的時候津津有味地聽著而不去做自己的事情，或者要去參加沒什麼意思但可能會顯得很熱鬧有很多人參與的飯局的時候，我真的做不到……那還是不合群吧。

久而久之，就成了一個總是在游離狀態的人。

有很小的互相交叉的朋友圈，有屬於自己的交往朋友的方式，有自己各種隱祕的小原則，不感興趣的事情一律拒絕，哪怕被鄙視被翻白眼被認為「不合群」，我也沒關係。

不知不覺中，為自己爭取了許多時間與空間，不用疲於應付，不必違心地叫好或者捧場，更不用心口不一地去做不想做的事情。不合群的好處，原來是在真正獨立強大的時候，才能體會到呀，我在心裡偷偷地高興著。

不合群的我，時常一個人吃飯，打發工作日的午餐。常常，我背著包，晃進一家麵館，要一碗小碗牛肉麵，加一份牛肉。然後心滿意足地把那碗麵吃掉，心想：真幸福啊。

偶爾看到有人驚訝地說，能夠一個人吃飯的人，內心都好強大！

我想了想自己，也沒什麼特別的，我只是不想說話，不想勉強約人，只想安靜地吃頓飯，有力氣，去做接下來的事情。

可能經過我身邊的人，會忍不住側目：「這個女人居然自己吃飯……」不知道後面還有什麼樣的潛臺詞，可我完全不在意啊，我早已經不是二十年前那個會對同桌的優柔憤怒的小女孩了。

這就是我啊。

為什麼我對這件事從最初的非常介意到現在都完全不介意呢？大約，是我真正明白所謂的知己難求。**這個世界上有許多同類，他們也許不在你的身邊，他們懂你又用心，哪怕不在一起吃飯，哪怕不能時時陪伴左右，可是心中總是惦記著，不歡歌笑語，不呼朋喚友，也很好。**

而有些所謂的群體，卻很有可能會吸走我的熱情，讓我變得盲目，愛攀比，心口不一，變成一個「從眾者」。我這麼敏感的人，成為一個從眾者會非常痛苦，壓抑個性，還要心不甘情不願地假裝盲目跟著人家走，一半清醒一半糊塗才是最累的。

索性，就去做一個不那麼合群的人，清清爽爽，很是自在。

如果你是一個不合群的人——那，挺好的。成為你自己，就是最棒的事。

我不是你的好朋友

時過境遷，「好朋友」被濫用到了無以復加的地步，成了一張隨手撕過來的便利貼，貼在某個人的身上，只是為了一點功利心。

也許有一天，「好朋友」這個詞，會氾濫到成為一種心領神會的貶義詞。好可惜。

多年前，我還是一個涉世未深的記者，替雜誌訪問一所培訓學校的校長，除了有些誇誇其談，校長給我留下的印象還好，客氣、善談。

雜誌出版後他給我打電話，說報導他很滿意，又說，他有位認識多年的好朋友是非常知名的畫家，想要出一本自傳，但他太忙沒辦法自己寫，又不想隨便找個人，所以，「我把妳推薦給了他。」他說。我想，那就談談看吧。

在見畫家之前，校長約我先談一次，聊起這位「好朋友」，說起他如何飛黃騰達，到處都有他的作品，個人畫展舉辦了很多次……突然，他話鋒一轉，開始講畫家年輕時的落魄潦倒，飯都吃不上，若不是自己施以援手，恐怕今天就不會有這樣一位成名的畫家了。後來，「好朋友」時來運轉，有了名氣，現在很有些擺架子……言辭之中，頗有憤懣之意。我心下一驚：「他們真的是好朋友嗎？」

後來，畫家途經這座城市，校長拉我去見他。我除了剛到時跟畫家打了個招呼外，再沒有同他溝通的機會，在一堆陌生人的觥籌交錯之中，尷尬萬分。不到十分鐘後，我就起身告辭了，說等有機會再詳聊吧。

隔天，畫家打電話給我，開口就大罵那位「校長好友」，說「他有病」，根本就不應該帶我去那個飯局，亂哄哄的怎麼談正事？又說：「我們以後不要讓他牽線搭橋了，他不是什麼好東西……」

至此，我對這兩人的好朋友關係有了真正的瞭解。

這件事我很快就委婉而堅決地拒絕了，實在不想跟這兩個人有更多的交集。

他們這一掛的好朋友，大概，相識於清貧落魄之時還好，但日後你發達了我勢利了，你占我一點便宜我算計你一點的事情多了，久而久之，在心裡翻了臉，連普通朋友都算不上，只剩下彼此的利用與算計。

在那之前，我一直以為「好朋友」是個親密堅固的詞，透露的是歲月的味道，對彼此人格的高度認同，在艱難的時候相互扶持互相陪伴，在幸福的時刻會不由自主地想起彼此，會想要跟對方分享……我一直這樣認為。

我高中住校，剛開學時特別想家，度日如年。有一天，一個陌生的本校老師來找我，問我還適應嗎，若有事可以去找他。他是我爸二十年前的同事，聽說我到這裡讀書，特意來關照的。後來跟我爸說起來，我爸連連點頭，「我們兩個年輕時候在同一所學校教書，關係不錯。」

他們甚至沒說彼此是好朋友，但這才是我理解中的好朋友啊。

時過境遷，「好朋友」被濫用到了無以復加的地步。就像是從前的「美女」、「親愛的」，成了爛大街的詞。成了一張隨手撕過來的便利貼，貼在某個人的身上，只是為了一點功利心。

我有位主持人朋友吐槽說，有個人四處對別人說跟他很熟，是很好的朋友。而實際上，他根本不認識對方，是哪門子好朋友？

還有時候，「好朋友」是當面被貼上的。在社交場合遇到一個並不熟的人，卻突然挽著我的胳膊熱情地說「這是我的好朋友」，我只好微微笑，跟人家打招呼……後來我才輾轉知道，她對我的印象甚至都談不上好，提起來要翻白眼的那種，我只能「呵呵」。以後但凡能提前知道她會出現的場合，我都會盡量躲過去，因為……我不是妳的好朋友，我也沒有義務配合妳演戲。

我的好朋友S先生喜得貴子在朋友圈發了照片，我很替他開心，除了發個紅包，說聲「恭喜」，心裡的很多喜悅都不知怎麼向他表達。

我跟S先生認識有二十年，是初中同學。離開中學後，我們的人生軌道完全不同，更不要提踏入社會之後，在完全不同的圈子裡過自己的人生。忘了最初我們為什麼會成為朋友，但後來這些年裡，我們可以跟對方分享自己的喜悅，一起回憶過往，他從未對我冷嘲熱諷，我對他的所有選擇也永遠都是理解和支持。

他從前現在和以後，都會是我的好朋友。因為無論什麼時候，我都知道他對我是真誠的、直率的，是帶著十幾歲時的那一份誠摯穿越到當下的時光的。

如今許多人口裡所謂的「好朋友」，更像是一張燙金的名片，用來代替早些年「我認識某某某（大人物）」或者「我跟某某某（大人物）在同一個飯桌上喝過酒」而已。

想起來，也真是可笑。

大概是我們，太可笑。

活得咬牙切齒的人，不會很快樂

很多事情，並非一定要走極端，盡心盡力就好。經歷的事情越多，見到的人越多，就越清楚地知道，人的局限、時間的局限，以及許多事情的局限。

我死都不會穿條紋！噢，圓點也不行，怎麼會有人把這個當流行？！

她居然穿一條短裙搭配短絲襪，如果是我恨不得一頭撞死，打扮這麼LOW怎麼還會出門啊？！

我對這個男人實在是無可留戀，我一定會離婚，我受夠了！

我的工作簡直就是一團糟，我早就待夠了，這次我死都要辭職！

……

以上這種類型的話，是我在生活中聽到或者是在微信公眾號後臺收到的。

雖然各種狀況不同，但是聽上去總是過於咬牙切齒了一點。而這種喜歡咬牙切齒地生活的人，大都不那麼快樂。

高中時，有段時間我把厚厚一本成語詞典從頭到尾看了一遍，許多成語是平時極少見的，也有一些我很喜歡，最喜歡的就是——安之若素。

當時年紀小，情緒起伏大，尤其在許多事情不盡如人意時，譬如考試成績不好，譬如被老師批評了，譬如感情上受挫，就覺得灰心喪氣生不如死，真的會咬牙切齒地覺得自己真是Loser，考不到第一還有什麼臉在學校裡待著呢，諸如此類。

每到此時，我就把「安之若素」拿出來咀嚼幾遍，對我還是有些用處的，會慢慢平息情緒，慢慢讓自己重新復原過來。

漸漸明白，好多事情並不隨著我的意志為轉移，除了努力做好自己的本分之外，也只能寬慰自己安之若素了。

雖然很難做到真正的安之若素（一輩子能夠修煉到這種程度也實屬不易吧？），但是有許多時候，心裡覺得被撫慰了，也不會那麼痛苦糾結。

一直到前幾年，我對情緒這件事有了更多的瞭解和觀察之後，才發現：所謂安之若素，不就是讓我們放下情緒，去面對事情本身嗎？又或者，它不正是讓我們學會淡然處之，而不總是咬牙切齒充滿戾氣地面對艱難及不喜歡的人和事嗎？

在我成長的那些年裡，遇到過很多喜歡咬牙切齒地談論事情的人，我對他們的印象並不好。

我媽的一位朋友，總是喜歡咬牙切齒地講她的滿腹委屈。據說她早年上過一些學，有點墨水，但是嫁得又不算多好，所以許多年裡都非常不快。

談論她的丈夫，嫌他太蠢太笨太懶，簡直沒有比這更差勁的男人，恨不得……

談論她的兒女，總是不遂她的意，無論她付出多少努力和辛苦，他們總是不夠好，恨不得……

又或者，談論總是跟她明爭暗鬥的鄰居，不是遮擋她家的陽光，就是放狗咬死了她家的雞，恨不得……

她的「恨不得」後面是許多詛咒，加上她的語氣中總是有一種恨恨的決絕，所以隨便聽一兩句都會感覺到，這個人活得實在太不開心了，而且還會一直這麼不開心下去——她並沒有打算跟丈夫離婚，兒女再不爭氣她也一直庇佑著他們，鄰居肯定不會搬走的，他們吵吵鬧鬧一輩子也是有可能的。

想想都替她難過。

她的咬牙切齒，在很大程度上是發洩情緒，但看效果卻並不好，情緒一直沒有真正地發洩出來，因為她永遠都是恨恨的狀態；她也並沒有真的鼓足勇氣去改變現狀，只是一邊斬釘截鐵地厭惡著她生活中的一切，一邊又投身其中難以自拔。

每個人的生活都有許多不得已，並不是隨隨便便幾句話就能改變的。但在某種程度上，她的咬牙切齒加重了她對生活的厭惡，而因為自己無力改變現狀，所以她其實也很厭惡自己，以至於對任何事情都有非常強烈的反應。同樣的事情在別人那裡激不起任何漣漪，在她那裡，就會是驚濤駭浪。

長大之後會發現我們曾經指天發誓，又或者斬釘截鐵說過的那些話，並不是真的能夠實現，再回頭去看時，甚至覺得自己蠢。

年少時投入的一份感情，覺得非他不可，非他不愛，遇到挫折時恨不得去死，心中想的是這輩子大概也沒什麼更有意義的事情了吧？！——結果是，你可能還是會遇到一個人，跟你牽手，和你相愛，與你一起度過餘生。偶爾，你還是會想起年少輕狂時的激烈，但已經成了嘴角的一抹笑，那個你深愛過的戀人，他過上了沒有你的生活，活得也很好。

想要做成的某件事情，你咬著牙說一定得做成啊，否則我就沒有辦法混下去了，就譬如說一定要考某所大學——到最後，雖然沒有如願以償，可人生也沒有真的山崩地裂，你仍然可以去另外一所不那麼理想的學校，重新找一個目標去努力和奮鬥。你未必比考上理想大學的那個自己差。

人生不是一朝一夕，翻山涉水，柳暗花明，盡力而為，但也要學會安之若素。

從前看到說奉行「中庸之道」的人，還覺得很不服，難道人活著不是應該快意恩仇，非黑即白，非愛即恨嗎？而如今卻發現，自己早已經在生活中漸漸放下了這樣的念頭，許多事情，完全沒有那種想要畫一條線來講講清楚到底是對是錯的想法了。

真的是漸漸中庸了啊。好多事情，並非一定要走極端，盡心盡力，僅此而已。經歷的事情越多，見到的人越多，就越清楚地知道，人的局限、時間的局限，以及許多事情的局限。

此刻的不好，未必就是以後的不好；而現在的好，也未必就是永遠的好。只不過我們身在其中，常不知所終而已。

但無論如何，還是不要成為一個咬牙切齒過生活的人，過得太劍拔弩張是很痛苦的事情，那樣的人很難快樂。

成為能夠坦然面對自己自私的人

——每個人都自私，但我們要警惕那個自私得理直氣壯的人。

我的朋友浮生創業時，遇到過一個奇葩女子。每次提起，溫文爾雅的浮生都咬牙切齒：「她不只是自私，簡直是無恥！」

這個女人跟浮生有些生意上的往來，合作了一段時間後，浮生對她產生了一些信任感。因此到後來她提出「每次都結帳很麻煩要不先賣貨再付款」的建議時，浮生也就同意了。

差不多一年後，女人的生意收攤不做了，而浮生這段時間的貨款也被她「翻篇」了。

於是，他開始了艱難而漫長的討債之路——

最初，女人接電話時還會敷衍一下，說「我記帳本找不到了，你等我找找」。

後來，她說浮生說的數目不對，她需要再核實一下。

再後來，電話不接，簡訊不回，憑空消失一般。儘管浮生打聽到了她家的地址，但又不想為了幾萬塊錢做出上門逼債的事情，所以仍舊隔三差五打個電話，發個簡訊，有理有據地要她付清貨款。

這麼拖了幾個月，她偶爾還是會接電話，但出言不遜：「你如果再給我打電話就是騷擾我了……帳本我找不到了……有本事你告我去！」從巧舌如簧到潑婦無賴，令浮生唏噓不已。讓我們不解的是，她欠債不還還如此理直氣壯，到底是哪裡來的底氣？

浮生說：「自私唄。她說自己做這個生意沒賺到錢……所以，以她的意思，她欠別人的錢也不打算還了。這是一個神邏輯。」大概她也不覺得自己做了多麼大的錯事，利己主義占了上風，總覺得別人少了這點似乎也不會怎樣，而自己多了這一點，好像能過好一點似的。

遇到錢的事，任誰都會敏感一些，人的自私在這裡顯露無遺，自然也就更考驗個人的品格與道德水準。太過自私自利，會成為一個人的毒，慢慢令一個人變得面目可憎。

二十多歲的時候，有段時間我對擺攤特別感興趣。每天下班後，我就跑去社區門口的夜市擺地攤，賣一些家人幫我進的T恤之類的小東西。

頭兩天很順利，沒做成什麼生意，但可以見到各種各樣的人，跟他們的聊天說話也很有趣，好玩極了。但到了第三天，我就遇到了迎頭痛擊——那天我剛把東西擺好，過來一個樣貌剽悍的中年女人，黑黑胖胖，留著寸頭，她惡狠狠地說我占了她的地方，非讓我搬走！

我臉皮嫩，又是初來乍到，雖然知道這裡是約定俗成的「誰先到誰占地」，但跟她講了幾句之後發現根本沒法溝通，我就乾脆搬走，另尋他處。她占的地方很大，東西卻很少，仗著無賴欺負人罷了。

這些年，這張臉還時常出現在社區門口的集市上，我眼看著她變得更醜陋、更難看，她還是留著寸頭，滿臉橫肉，還在擺攤，眼神翻飛之間彷彿有兩個小算盤隨時在心底盤算著……可悲的是，十年過去了，她終究沒有過得更好。

我曾腦洞大開地想：壞人會覺得自己是壞人嗎？

大概在某些時刻會吧。當他們知道自己做的事情可能遭到法律制裁的時候，這一道紅線，越過去就是錯的。但有時候的一些小事，需要人們以道德和品格約束自己，如果不會面臨遭到什麼懲罰的時候，就好像沒了對與錯的標準。

譬如欠了浮生貨款的那個女人，她知道浮生不會為了那點貨款勞師動眾地去法院告她，所以賴了也就賴了，臉皮厚一點，嘴巴毒一點，就可以占別人一點便宜，好像蠻合算的。再比如那個擺攤的女人，她也不是什麼壞人，只是討生活時強悍了一些而已，所以……我哪裡是壞？趕妳走又怎樣？

這種在「生活不易」包裝下的自私，讓許多人的自私變得更加坦然，有人為了升職可以四處散播謠言也不覺得有什麼不妥，我也不容易啊我也得養家糊口啊；有人為了追求自己所謂的幸福可以去破壞別人的家庭也沒什麼愧疚，我是在追求真愛啊我也有權利啊；有人為了……我們說要找到真正的自己，很多人就找到了真正自私的自己。

每個人都自私，但我們要警惕那個自私得理直氣壯的人。如果可能，將他們剔除出自己的人生。

但，到最後，我們每個人都要過內心那一關吧。是對是錯，是好是壞，到最後，都會在夜深人靜面對自己的時候，有一個評判。

說過的謊話，似乎可以修煉得面不改色心不跳，但你心中終究知道那是謊話，而且也會忐忑這個謊話將會帶自己去向什麼樣的地方；背後搞過的小動作，看上去好像很平常，可是總歸知道那是「暗事」，也在心中更加惶恐會不會被人這樣算計。

我們至少還是得成為一個在心中不會被自己鄙視的人，坦然面對自己內心的時候，不會有那麼多躲閃與惶恐，不會想糊弄過去。

我知道，我們都自私。但是我很努力地想要把自私控制在自己夜深人靜捫心自問也不會覺得愧疚不安的程度。

出於本能，我希望自己更好，獲得更多資源，但是我不會為此去傷害別人，無論是工作還是感情。如此，我才會活得更通透、更自然、更舒暢。

願我們都能夠成為坦然面對自己的自私的人。

我不小氣，唯獨想跟你計較

一個人要做到無私的確非常難，心胸廣闊，有大格局的人才會真正不計較小事，而人如果太自私，也的確會讓周圍人退避三舍。

阿小曾經是我的「朋友」，但是後來我疏遠了他。

最初，阿小是朋友的朋友，枝枝蔓蔓，偶爾我們會碰到、會見面，慢慢幾個人熟悉起來，五六個朋友時常小聚，週末吃頓飯、唱唱歌，把這當成是忙碌生活的一種放鬆，相聚甚歡。

但突然有一天，我意識到了一個從前沒注意的細節：每次聚會輪流付款的人中，從來沒有出現過阿小。

那時候我們認識已經超過兩年了。在這兩年裡，我們聚會十幾二十次，大家都是約定俗成地輪流買單——這次你付了飯錢，那麼待會兒KTV是另外一個人結帳；下一次，又會是其他人……這其中從未有過阿小的身影，而他從未落下過任何一次聚會。

我搞不懂他是有心，還是無意，我們這些像他一樣辛苦賺錢的人都在自覺地買單，不因聚會給某個人增加過重的負擔，但他從未走向過收銀臺卻還經常炫耀自己年終獎金有多少，自己買的那輛新車真的很不錯！

意識到這件事的時候，我心裡覺得挺無聊的：我怎麼開始算計這種事了呢？這種算計讓我覺得特別沒意思。而引起我這種算計心思的朋友，更是再也不想見了。

我們不會跟一個真正的朋友計較一頓飯錢；同樣，一個真誠、親密的朋友，也絕對不會只顧自己大快朵頤，卻假裝不知道你荷包裡掏出來的是辛苦錢。一個人小氣，是因為他認為對方不值得自己付出——時間、金錢和精力，皆是如此。

為什麼我們願意贈送禮物給喜歡的人？我們想用這樣的方式來表達心意、感情以及懂得。而當我們送出禮物的時候，絕對不會在心裡計較「他會回贈給我什麼」，收到禮物的時候也不會私下裡盤算「比我送給他的是便宜還是貴呢」。

那種彼此之間的喜歡與理解，令付出是心甘情願的，就不會有計較。

我看過一篇文章，從心理學的角度解讀愛情——愛一個人，是因為可以看見自己。你在你愛的那個人那裡，可以看見自己的靈魂。文章認為，我們總是在不停地去印證自己靈魂的存在，而愛上另外一個人，也是一種方式。看見自己，對我們每個人而言，都是非常重要的。

看完之後，我突然有點理解為什麼自己那麼不想見阿小了——我從他的身上，看到了自己也有斤斤計較、小氣巴拉的一面。

我不想做這樣的人。但是他的存在，激發了我這方面的潛在性格。那種「噢，既然你那麼小氣，也不要怪我計較」的心態，會油然而生。

有些人的確會以他們行為處事的方式來激發我們的負能量，當阿小不動聲色地躲過多次付帳引起我不滿的時候，我在內心就偷偷把他拉黑了，因為他根本不值得我交往。一個人，要做到無私的確非常難，心胸廣闊，有大格局的人才會真正不計較小事；而人如果太自私，也的確會讓周圍的人退避三舍。

哪怕我不計較錢，我也會為我心中動過的「算計」的念頭而疏遠一個人。

就當是我小氣吧，我願意為我這種小氣買單。

抱歉，我拒收了你的不善之意

只要我不去在意，那麼他從陰暗角落發射出來的那些墨汁般的惡意，就會像碰到牆壁的彈力球那樣彈開，不會給我任何影響。

微博上看到兩個段子，挺有意思。

一個是「琦殿」寫的：必須接受這個事實，有的人出現在你生命裡，就是專程給你添堵的，沒有任何和解的可能。千萬別在這事上折磨自己，反思是不是哪裡不夠客氣，考慮如何退讓才能與他和平共處。你唯一需要檢討的，就是為什麼還沒有讓他快點滾出你的人生。

一個是「小野妹子學吐槽」寫的：「玻璃心」三個字，是最狠毒的語言暴力。它把所有對惡意攻擊的防衛，都一竿子打成心胸狹窄。須知人心都是肉長的，比玻璃還要脆弱。沒有人活該忍氣吞聲被你橫加指責，從哪來你就滾回哪裡去吧。

兩個段子的最後都是讓某種人滾，我雖然用了「拒絕」，但是呢，基本上也是同義詞了。

微信公眾號寫了幾年，收到過很多親愛的讀者正能量滿滿的留言，但偶爾也會收到莫名其妙髒話連篇的訊息，我一般都是「呵呵」後拉黑的。但也遇到過有些人，當我想拉黑他的時候，卻發現他已經「取關」，噢，純粹是為了來噁心我一下才出現的呢。

而我能做的也只有拒收他的惡意。

只要我不去在意，那麼他從陰暗角落發射出來的那些墨汁般的惡意，就會像碰到牆壁的彈力球那樣彈開，不會給我任何影響——也可能不是彈回到他身上去，但是，我不會接球的。

年輕的時候，我們總是喜歡解釋，尤其是當自己被別人誤解、質疑的時候，總是迫不及待地想要去解釋、去澄清、去說明。

可是慢慢長大後，越來越不愛解釋了。懂的人自然也就懂了；不懂的人，解釋再多，也沒用。

有時候，人們的誤解、質疑往往來自偏見和執拗，是那種「我就想誤解、質疑你又怎樣」的心態，所以，辯解對他們是沒有任何效果的。那不是他們想要的結果，真相也不是他們想要的。

你如果很當真，很在意，反而是對自己的一種傷害。

有一天我收拾東西時翻出來幾本從前幫讀書會的朋友們團購書時餘下的作者簽名

書，大概是我粗心不小心放在角落裡忘了。囤著也是浪費，何況有不少人喜歡簽名版書籍，於是我發了條朋友圈，以書的定價賣出去，包郵。

那幾本書，很快就被朋友們搶購一空了，我覺得還挺有成就感的，好心情地繼續整理。

後來，看到有個女孩以「呵呵」的語氣酸溜溜地說：「呃……那個書的原價就是三十六元吧?!」

我察覺到了她的意思，像是一陣涼絲絲的風，雖然不算多大的惡意，但也絕對不是什麼善意。我深呼吸一口氣，回覆：「原價三十六元，可是作者簽名本啊，我給包郵啊……我寫明了啊。」她又回了兩條：「哦，原來是簽名本，那就不奇怪了。」「哦，我沒有展開看。」

我幾乎沒有猶豫就把她從微信裡刪除了。我不會跟斷章取義、冷嘲熱諷的人成為朋友。那種酷愛評論別人的人我也會盡量遠離，尤其是一些惡意評論員——不知出於一種什麼心態，他們對好多事情不滿意，喜歡拿著放大鏡一路走一路看，看到別人的一點缺點、瑕疵或者紕漏，一定要第一時間衝上去，批評、指責、謾罵。

可悲的是，他們的評論與指責，往往來自狹窄的心胸與短淺的目光，偶爾還來自急躁的心情，斷章取義，毫不客氣。

這種人一旦出現在我的視線內，陌生人的拉黑，熟悉點的疏遠，反正不是一路人，我何苦聽你嘮叨找碴打擾我呢？

我是不能跟這樣的人做朋友的，但也不會與這樣的人為敵。他們會有無限的精力與時間，能夠以超長的耐心纏鬥下去，就像是英國小說《擺渡人》寫的那種吞噬人靈魂的魔鬼，在黑暗的角落裡伺機而動，吞沒掉你的陽光與快樂。

真可悲。

我能做的就是——視而不見。就像是拒收一個莫名其妙的快遞，只要我不接受，它就不會成為我的包袱，不會成為我的痛苦。

這樣的人，這樣的語言，這樣的暴力，像是惡意的流彈，呼嘯而來。若是你在意了、上心了，反而可能被擊中。於是你憤怒，你解釋，你澄清，你被纏住，被偷走很多時間和好心情，真是不值得。

英劇《黑鏡》中有一集講在科幻的世界裡，人們可以遮蔽掉那些自己不喜歡的人——哪怕他在你身邊，哪怕他對你大喊大叫，哪怕他企圖影響到你，你都完全感覺不到。他對你而言，就是一團模糊，而他想要製造的痛苦，也不過是一種幻想，根本傷害不到你。

我們在生活中遇到的挫折磨難已經夠多了，所以我們盡可能更好地保護自己的時間、精力、心情，不要被那些莫名其妙詭異的人和討厭的事打擾。

這不是玻璃心，這是正當防衛。

年輕不該是你犯傻的資本

不要以為自己會永遠年輕，也不要寄希望於隨便度過這兩年，一切就會水到渠成夢想成真，你要成為真實的你自己，而不是白日夢裡的那個「你」。

高中時，有一天我去郵局給班裡訂閱雜誌。有個三十歲左右的工作人員幫我處理好之後，我說：「謝謝阿姨。」轉身時，我聽見她很不開心地跟旁邊的人說：「啊，她居然叫我阿姨。」我心下一沉，覺得很不好意思。

過了幾年，我上大二，勤工儉學發超市傳單時迷路了，遇到一個四十多歲的女人，想起舊事，我心想「大概女人都喜歡被人喊得年輕一點吧」，於是鼓足勇氣上前去問：「大姊，我問一下某某路怎麼走啊？」她白了我一眼說：「什麼，妳叫我大姊?!妳看我多大歲數了叫我大姊。」我當時就傻了，只好趕快說「對不起」，倉皇而逃。

這兩件小事像是一次小小的呼應，形成了我對青春時期的認識——常常陷入尷尬，常常無所適從。

十幾歲到二十歲出頭的時候，總覺得自己無所不能，可最後總發現自己一無所長；總覺得自己會前途光明，可是後來看兩手空空，那種巨大的希冀和巨大的落差之間，久而久之成了內心垂頭喪氣的影子，一路挫折，一路捶打，一路鍛造，一路長大。那時候的尷尬與煩惱，只有當事人才心知肚明。

而年輕總是會陷入這種無所適從中。還沒從天真的世界裡走出來，可是看起來已經長大了；還不夠熟悉成年人心知肚明的各種小算計，可是已經不是小孩子了。更重要的是，根本還沒搞懂自己是誰，尤其是真實的自己時，就總是異想天開地覺得自己前途不可限量，於是常常陷入一種尷尬的境地。

有個大學女生問我：「木頭姊，覺得跟女同學相處好麻煩，一個人效率很高，可是如果誰都不理會不會太獨立了？」

有個小朋友則說，自己之前認真準備了一次賽事，周圍的同學、朋友都幫忙做了很多準備工作，可是臨到比賽他退縮了，不戰而逃。而眼下他又興沖沖地組織了一次活動，招兵買馬之後發現事情根本沒有想像的那麼簡單，痛苦又糾結。

還有個女孩說，她個性偏內向，從小就不喜歡依賴父母或他人，但是她希望自己能夠更開朗一點，也能夠跟別人親近一些，做不到的時候就覺得很沮喪。

每一個他們，都能讓我看到自己從前的模樣。或者，許多的我們年輕時候的模樣。

尤其是在十八九歲時，心中有一些迷茫，偶爾有些徬徨。那時候，對自我認知還不那麼清晰，甚至我們並不知道自己需要多多練習跟真實的自己相處，卻寄希望於一夜之間就能成為「夢想中的自己」，這怎麼可能不彆扭、不痛苦呢？

高中時大部分時間都被學習充斥著，沒有太多時間胡思亂想。而大學時代，時間多了，空間也大了，很多人就會沉浸在白日夢中。

總有人相信，自己什麼技能都不積累，就有可能在日後功成名就，飛黃騰達。總有人相信，這世界上有免費的午餐且恰好就落到了自己的頭上。有一天看到一篇報導裡寫著多名大學生陷入「分期騙局」，他們相信提供身分資訊讓別人拿去分期付款買手機，自己就可以毫不費力地賺取幾千甚至幾萬塊，最後卻因此背上了各種貸款。

總有人相信，自己可能欠缺的只是一個一鳴驚人的機會，所以打算處心積慮地多認識一些所謂厲害的人，多參加一些所謂能夠擴展人脈的活動……書讀得不多，肚子裡的墨水不多，會做的不多，懂的更不多，扎實努力的實踐不多，除了自命不凡的白日夢多之外一無所長的人，搞不懂為什麼會那麼自信地覺得自己有資本可以成功呢？

年輕當然是資本，可以作夢，甚至可以犯錯，可以因為一無所有而做許多無所畏懼的嘗試。

但是年輕不是犯傻甚至裝傻的藉口。

總有一天你得長大，得從混沌中醒過來，你得走出校門，用你的技能和你的能力去打拚，去面對你真實的人生，去面對真實的自己。

茶博會的最後一天，我去小逛了一下，門口負責填表領證的小女孩是幾個大學新生，在討論大二大三怎樣怎樣。我心中暗暗感慨：這種打工他們一天只能賺幾百塊錢，但這是不是浪費青春呢？

不是應該找更好的實習機會去為未來做鋪墊嗎，不是應該多讀一點書給自己增加一點積累嗎，不是應該……踏入社會以後，要你出賣甚至透支自己的時間、精力來換錢的時候多的是，何必這麼著急把該學習的大好青春都花費在這些事情上呢？

也許是我站著說話不腰疼，也許她們真的需要一點零用錢，買她們需要的電子產品，買漂亮衣服，因為總有人比她們穿得好用得好活得好。

攀比的結果可能永遠是失望。面對真實的自己，才有可能找到真正的平靜的滿足感。大學時，我發了兩三次傳單之後，就作罷了，因為賺到的那點零用錢不能解決我內心的困惑和煩惱，後來的課餘時間，我寧願去圖書館，寧願寫些不知道什麼時候才能被別人看到的文字，寧願安靜地我行我素，然後慢慢成為我自己。

年輕真好，但年輕的時候也容易犯傻。

不要以為自己會永遠年輕，也不要寄希望於隨便度過這兩年，一切就會水到渠成夢想成真，更不要逼著自己成為一個你根本不可能成為的人。

最重要的是，你要成為真實的你自己，而不是白日夢裡的那個「你」。

痛苦莫過於，你的才華配不上你的任性

——一個人只有對自己的才能足夠篤定、有底氣，才有資格任性。

前幾年有段時間，我特別想辭職，非常非常想。也說不出特別具體的原因，工作是我自己找的，部門裡的主管和同事也蠻好的，工作環境相對寬鬆，事情也做得很順手……但我，突然對上班失去了興趣。

我念叨了兩次後，克萊德先生問我說：「那妳想過沒有，辭職之後妳做什麼呢？」我搖搖頭，說不知道。我從大學畢業就在這裡工作，除了在這裡上班，除了採訪、寫稿，我不會做別的呀。

那麼，辭職之後，要麼回家無所事事地待著——當時我還沒有非常系統地寫作，所以大部分時候可能是百無聊賴地待著；要麼重新找一份工作，仍舊朝九晚五，可能從環境到內容都不如我正在做的這個……到最後，這件事不了了之了。

後來我想，如果我是個單身女孩，如果沒人很懇切地問我「那妳打算幹什麼」這種問題，我很可能會任性地辭職。哪怕我不知道接下來會做什麼，但我當時所有的念頭都

是「我在這裡日復一日地做著相似的工作，有什麼意思呢，我應該做更有趣的事情啊」。

而以我當時的境況來看，辭職之後最有可能的情況是，陷入另外一種更巨大的痛苦和焦慮之中。我會發現所謂的自由根本不是如虎添翼，而是在發現自己一無是處之後，陷入另外一種恐慌。

因為我沒有足夠的才華，配得上那種任性。

跳槽幾次的朋友給我講，他每次覺得自己離開那個糟糕的工作會過得更好一點，但折騰了幾次之後他才意識到，自己會的只有那麼多，能做的也只有相似的工作，所以再換一個公司，還是差不了多少的環境，還是差不多的職位與崗位，最後是自己疲憊不堪，稜角都磨沒了，再也不敢談什麼「年輕可以任性」了。

相反的例子當然有。幾年前我特別豔羨一個女孩的傳奇經歷。她從小品學兼優，考了全額獎學金出國讀書，畢業後在金融業工作，待了幾年後辭職去全世界旅行。這其間她一邊做志工一邊寫書，旅行了幾年之後考了另外一所世界名校繼續讀書去了……

一個人要達到隨心所欲甚至看上去有些任性的生活，要麼特別努力，要麼才華橫溢，這樣的故事在一個普通人身上幾近作死，在她這裡卻是雲淡風輕。

當我們的才華，配不上我們的任性時，就會成為痛苦之源。

從小到大，我都是任性的典型。任性的人，個性標籤比較明顯，而且還特別珍惜自己的所謂稜角。這是把雙刃劍，有好也有壞。

好的是，我們會堅持做自己喜歡的事情，譬如我中考時堅決不考中專，一定要考高中上大學；高考填志願的時候誰的建議都不聽，一定要選自己喜歡的學校讀自己喜歡的專業，哪怕落空了我也不後悔；畢業之後也是，沒聽輔導員的建議去考選調生[17]，去了喜歡的雜誌社工作，但同學聚會時都不好意思提起自己的薪水有多低。

壞的一面是，**過於任性的人，常常會不顧自己的能力有多大，才華有幾多，總是異想天開甚至一廂情願，這種不匹配會帶來很多痛苦——一直想去追逐遠在天邊的美夢，卻又沒有足夠能飛起來的翅膀。**

我不後悔從前的每一項選擇，但是在眼下的生活中，我卻能清晰地看到這種痛苦，正在源源不斷地冒出來，在我們的工作中，在我們的生活裡，在我們的感情裡。

早前我認識的一個男生辭職去騎行了，據說愛上了西藏，辭掉工作，一走了之。類似的故事聽說得太多，我們已經不怎麼談「羨慕」了，倒是對於他的任性有一種無法判斷的感覺——如果是自己可以承擔起各種責任，從安全到經濟，全都能一力搞定，當然沒問題。但如果這種任性，是以犧牲家人的幸福感為代價，就有待商榷了。

17 選調生：選調優秀大學畢業生。

這個男生決定當獨行俠時，已經結婚幾年，孩子兩三歲，他是家庭經濟來源的主力，無論從照顧孩子還是體諒妻子的角度而言，他的任性都有點過了。

尷尬的是，大半年他再次回來之後，據說是習慣了那種自由自在的生活，很難再朝九晚五回歸到從前的生活，求職不順利，自己創業又沒能力和經濟實力，很長一段時間裡，只能靠零碎接一些外包的活來賺點家用。

婚姻品質也大打折扣。他離開的時候，妻子一力撐起一個家；如今他回來，也沒有太多幫助，加上兩個人在溝通上有些問題，前途堪憂。

並不是所有的人生階段都要步步算計好，但對於自己能力的評估、才華的衡量，還是應該有個基礎認知。年輕時一無所有當然可以憑一時興起，可以拿出所有的勇氣和努力去拚一拚，但如果有了家庭的責任，有了更多的負累還如此任性妄為，痛苦的就不僅是一個人了。

一個人只有對自己的才能足夠篤定、有底氣，才有資格任性。

當你一無所長的時候，只憑著任性去橫衝直撞，除了頭破血流之外，你會發現自己在岌岌可危中更加需要強烈的認同感、安全感及其他的一些東西，而這些你很難通過別人獲得，自己又無法給予……漸漸就成了一團情緒，成了許多麻煩，成了痛苦之源。

踏實點，做好眼前的事；真誠點，面對真實的自己。努力做好眼前的事，追逐心裡的夢，我們都可以擁有自己夢想的生活。

有時候，討厭比喜歡更重要

因為討厭一些人，討厭一些事，才能學會自省，學會審視自己，學會改掉性格中的那部分自己都討厭的因數，學會站在別人的角度想事情。

一個很多年沒什麼聯絡的男人，突然輾轉聯絡到我。打來電話，加了微信，非常熱情地說：「好久不見呀，我們一起吃飯啊，妳還好嗎，我經常想起妳啊！」我說：「我挺好的。」——我們之間的情分，僅止於此，不能再多一分。

曾有人在微博提問：「為什麼有些人你明明覺得看透他了，卻從未跟他翻臉？」評論裡，有人說是禮貌，有人說是偽善，還有人說，不過是中國人好面子的習慣在作祟罷了。

這個重新跟我聯絡的朋友，大約就屬於這一款吧——也不是要不要翻臉的問題，只不過就是逐漸疏遠，劃分界限，成為彼此世界之外的人。

我們因為工作結識，還算投緣。後來工作完結，偶爾碰到時我像是一個熱情的傻瓜，會認真地問「哪天有空一起吃飯呀」，他好像總是很著急離開，淡淡地說「好呀」，然後趕緊走開。我打過一兩次電話，他卻多一個字都不願意說，總是淡淡地「嗯」……兩次就夠了，足以讓我知道我們不是朋友這件事。從此我就回歸到陌生人的角色。這種感覺很好，彼此都沒有負擔。

但他再次主動聯繫我時，這微妙的平靜被破壞了，當他的聲音重新穿上熱情的外套，當他不再淡淡地只說幾個字，當他很認真地問我哪天有空的時候，我感覺一切都被破壞了，惱怒地想：為什麼非要重新聯絡我呢？

以偽裝的熱情爽朗的態度，穿越時光，好似這些年我們從未陌生過，好似我們一直是朋友呢。你不過是我生命中的一個過客，我於你，也是這樣的角色最好啊。可是你偏偏要那麼熱情地問東問西，噓寒問暖——我想：這恰是我討厭的樣子。

我知道自己多討厭這種「用到時熱情無比、用不到時冷若冰霜」的人，所以會在心底一再提醒自己，我不要成為這樣的人。

我要真誠地對待我的朋友，我會細水長流，我不會玩弄虛情假意，我不想成為一個各種面具放在手邊，需要時隨時戴上就可以變成另外一個人的假面人。

我討厭假裝相信和傳播流言蜚語的人，討厭那些說話別有深意的人，我討厭那些暗藏著某種含義的笑容，我也討厭那些竊竊私語，那些添油加醋。

我曾經相信「清者自清」，直到我看見「眾口鑠金」，才相信有時生活真的很不容易。職場裡的和樂融融背後，常常是風起雲湧；笑意盈盈下面，掩蓋的是彼此的打量與算計……大多數時候，我沉默不語。我知道，我聽到的關於別人的這些流言蜚語，有一天，可能也會變換一個面目，在我的身後流傳，而那些傳言的主語，可能會換成我。

為什麼流言會有傷人的力量？

是因為每一個傳播流言的人，都給它增加了一種武器，讓它變得「似乎更可信」。道聽塗說到最後成了言之鑿鑿，始作俑者固然可恨，但假裝無心的傳播者也難辭其咎。看似無心，實則有意。

我討厭這些，所以我會提醒自己，不要去成為其中的一環。也許不得不聽到，但可以不傳播。

我討厭的事情蠻多的。

我討厭夜半三更被無關緊要的消息吵醒，即便我忘了關機是個壞習慣，但是拿芝麻蒜皮的小事來打擾別人挺LOW的；我討厭言必稱「我認識某某某」的人，眼睛裡寫滿了給自己貼金抹粉的欲望；我討厭什麼事都隨口答應言之鑿鑿卻完全不放在心上，甚至不守信的那種人啊……

從前我認為，喜歡很重要。

如今我發現，討厭，也很重要。

因為討厭一些人，討厭一些事，才能學會自省，學會審視自己，學會改掉性格中的那部分自己都討厭的因數，學會站在別人的角度想事情。

我不想虛偽地感謝我討厭的那些人，大部分人我早就把他們拉黑了，懶得應付半句。我想，先從做自己不討厭的人或者事開始，是成為更好的自己的一條途徑吧。

至少，於我是這樣的。

拒絕要乾脆，做清爽通透的人

我們礙於情面而拖沓敷衍的許多事，最後都會把我們的情面傷得體無完膚。

我曾經「炮製」過一件很尷尬的事。

那是很多年前，我們打算買房子，便四處地看，A社區是其中之一。朋友恰好認識在A社區工作的C小姐，很熱情地把她的電話給我，還主動跟對方打了個招呼。

C小姐並不是房仲業務，但當時他們在「全員行銷」，所以她名下也有行銷任務，因此她對我買房這件事很熱心、積極。

通了幾次電話，我通過她瞭解了些大致情況，也去看了一下社區的情況……但我一直不好意思跟她說「這只是我們的備選之一」的話。而實際上，看過兩次那個社區之後，家人就覺得不合適，勸我們放棄了。

C小姐給我打電話時，我一定是沒清楚地告知過她，所以當她後來非常直接地說「我只是為了完成任務，提成可以不要，你們房子就可以更優惠一點」的時候，搞得我更不知道該如何開口了。

但這件事拖得越久，我越痛苦、內疚、自責，覺得辜負了她的真誠和坦率。

到我不得不明確回絕她時，我非常痛苦，在床上滾來滾去，不知道怎麼開口——覺得給她添了麻煩，給她希望又讓她失望。這一刻，我特別後悔自己沒有從一開始就跟她說明白「我們只是想先瞭解一下」，痛恨自己的處理方式。

最後，我像是一個逃兵，選擇了發簡訊，似乎只要不聽到她的聲音，我的心裡就會舒服一點，給她帶去的傷害就會少一點。而實際上，當然不可能。

這件事情過去許久了，我仍然記得在床上滾來滾去的自己，哀號著「我怎麼說啊」，克萊德先生覺得驚訝「妳就直接告訴她啊」……可是我卻做不到。

我對自己一開始沒有明確說明白、事後又礙於情面不好意思拒絕的處事方式感到萬分沮喪，從那時起，我開始鼓勵自己乾脆俐落地說「不」——**想做的事情就迅速點頭，不想做的事情也要迅速搖頭；有些事情在開始之前就先講好規則，定好規矩之後就堅持下去，而不是事先什麼都不說，遇到問題就一團糊糊，無法理清。**

閨蜜打算給小朋友換幼稚園，她認為正在上的那所私立幼稚園的園長處理事情的方式有問題，可能是性格上的缺陷也未可知。總之，她怕影響到孩子，還是早點撤出為好。

導火線是幼稚園組織的一次野外實踐活動，事先園長只是大致說讓家長各自準備一些東西，到了現場才發現，沒有有效的安排、準備，有的東西買多了，而有些必要的東西沒準備，分工不明，亂成一團，不是少這就是缺那，家長和老師們的抱怨自然也就多了……這時候突然有個家長指出，在園長買的公用的東西裡，有私人物品。

眾人突然因為這不到幾十塊錢的東西，變得尷尬、敏感了起來。家長們怨聲載道，覺得她安排不夠周全，還貪圖私利；園長則滿腹委屈，覺得家長們小題大做，自己忙前忙後很辛苦……之前和樂融融的氛圍，畫風突變。

我突然問：「那，園長組織這些活動，會收取家長的費用嗎，比如辛苦費、勞務費之類的？」閨蜜搖頭。

我感慨地說：「她本來可以不這麼勞心勞力地組織戶外活動的，但是她組織了，就要為安全及各個環節負責；家長不必支付費用，卻因為一點小東西鬧成這樣，是不是有點過分？」閨蜜正色道：「她可以事先說明啊。她事先不說，大家都混著來，稀里糊塗的，總說到時候看情況、到時候再說，出現問題的時候，家長當然歸咎於她。」

我點點頭。

如果她事先把事情拎拎清、講明白，可能會簡單得多——要麼她收費來組織、安排各項事宜，做為提供服務的人，任勞任怨是應該的；要麼就說明白自己只是個組織者，讓家長們自己分工協作安排俐落，她可以樂得清閒，不是更好？

我們好像更容易在事後或者是在別人的事情上，看清楚問題。換成是自己，也會同樣稀里糊塗，一直走到岔路口不得不攤牌的時候，才後悔自己太蠢。

我們礙於情面而拖沓敷衍的許多事，最後都會把我們的情面傷得體無完膚。因為自己的怠惰，一開始不把事情想清楚、搞明白，後來又因為性格上的軟弱，逃避「拒絕」，這簡直是雪上加霜，會給自己添很多麻煩。

我們都聽說過很多朋友間合作最後反目的例子。最開始的時候一切都好，感情好，什麼都不是問題，所以不必制定規則，不必講究原則，很多事情可以妥協，可以退讓。到後來，慢慢就有了嫌隙，已然來不及了，此時再談規矩、講規則，怎麼都會帶有私利的成分，很難談得攏。久而久之，在心底互相埋怨，表面上也不再友好地虛偽敷衍，最後就是一拍兩散。

我們中華文化就是太講究「情面」，而又總是為面子所傷。許多時候，我們會為了給足對方面子而在開始的時候笑嘻嘻地一切都是「好好好」，什麼都是「行行行」，給自己挖一個又一個的坑……何苦呢！

扔掉那些累贅而多餘的「不好意思」，就清爽明快地做人、談事，坦蕩而直接，這何嘗不是真正的美德呢？

遠離那個大寫的「性情中人」

許多自詡「性情中人」的人，大多數都是以「真性情」作為擋箭牌，來掩蓋自己心中的暗黑，他們只是假裝自己是真性情的偽君子而已。

兒時每逢過年過節，總能見到很多醉酒鬧事的人。這些人，大多一整年都在田間地頭很辛苦地勞作，到了年節終於可以坐下來吃頓飯喝杯酒，推杯換盞，一不小心就喝多了。有些人酒品不好，喝著喝著吵起來，動手的也不在少數。

他們第二天酒醒了，頭疼欲裂地湊到一起，訕訕地和解。常用的大概就是「我這個人就是說話太直，你別介意」，順便恭維一下「你也是個性情中人」，然後勾肩搭背，把酒後吐真言的那些心裡話都掩蓋起來。

我倒是覺得，他們根本就是辱沒了「性情中人」這個詞，他們勢利又不肯承認，小心眼又不想被看破，喝多了才敢說一兩句真話。

也是醉了。

我私下裡認為，小柳是我認識的人中最刻薄的一個，言語中隨時放冷箭，很平常的一件小事在她這裡都能挑出幾根刺。當然，她常常殺得別人頭破血流之後，尖著嗓子說「我這人就是太性情哈」。

朋友小C跳槽成功，請大家吃飯慶祝，那天小柳也去了，一邊挑剔飯菜這個不好那個不吃，一邊說「哎喲，妳以後可算是烏雞變鳳凰了」，一夥人都驚呆了——小C上學是優等生，畢業後工作隨便挑，膚白貌美身材好，家世背景在一眾人裡首屈一指，怎麼就「烏雞」了？

小C脾氣好情商高，沒接話，招呼大家說男朋友一會兒趕過來，請大家去唱歌。小柳卻接了一句：「妳工作換了，男朋友也該換換了吧？」說完自己「哈哈哈」笑起來。後來看小C臉色不好了，她才收斂住笑聲訕訕地圓場：「我就是說話直接，性情中人，想到哪裡說到哪裡，開個玩笑妳可別在意啊！」

後來我私下問過小C幹麼那麼縱容她的過分，她說：「我是真的懶得跟她計較，她雖然不是真性情，但也是真可憐。」

小柳心比天高無奈命比紙薄，考研究所失敗後家人給她找了一份她非常討厭的工作，用她的話說是「生不如死」，卻一直沒有離開；戀愛談了好幾次，每次都是翻臉收場，她說話刻薄傷了人自己還不覺得，分手了又覺得人家欺騙了她的感情，所以總是自怨自艾；這兩年家裡逼著她相親，卻沒有一個中意的……小C說：「妳說，她都這樣了，我還跟她計較什麼呢？」

因為心裡有大天地，所以這一點飛沙走石根本算不得什麼，知道什麼是幸福，也能諒解別人心中的痛苦。

這才是真正的性情中人，是真正的女神啊。

我所理解的性情中人，是直率的、真誠的、熱情的、善意的，以內心的驅動來說話做事待人。他們並不是肆無忌憚地做事，也不會口無遮攔地傷人。相反，他們有非常寬厚的內心，雖然是坦率以告，不會過多修飾與遮掩，但他們也懂得體諒別人，至少不會以假「性情」來傷害別人。

我們遇到的許多自詡「性情中人」的人，大多數都是膽小鬼、偽君子或者是真小人。他們以「真性情」作為擋箭牌，來掩蓋自己心中的暗黑——看到別人意氣風發，升官發財，幸福平順，就忍不住嫉妒、挖苦、諷刺。因為自己得不到或者不夠幸福，說說風涼話譏諷一下比自己好的人，暗暗地出一口「惡氣」，總沒什麼大問題吧？不敢面對內心的小，也不敢袒露心中的所思所想，最後的最後，就用一個「真性情」來打馬虎眼，好像總是能夠得到諒解。

誰會把這種人當朋友呢？

我這個人就是說話直接，你不要介意啊——一個對朋友冷嘲熱諷的人說道；

我是個性情中人，接觸久了就知道了——剛因為一點小事罵完街就「漂白」自己的人在群組裡說道；

我不喜歡說好聽的假話，妳這種全職主婦就是溫室裡的花朵，你根本不知道獨立女性的感覺——女孩衝著朋友說；

你現在的這份工作簡直是浪費生命，賺不到錢攢不到人脈，夢想能當飯吃嗎？我說這些都是為你好——一個大腹便便的男人對著他曾經的大學室友噴唾沫星子；

……

我從來不把這種說話刻薄的「所謂性情中人」當朋友。

我不缺朋友。

他們只是假裝自己是真性情的偽君子而已。

守好你的界限

許多婆媳的根本問題是，搞不清楚自己的戰場在哪裡，看不清自己的界限，也不知道對方的界限是什麼，總是混為一談，最後就成了一團亂麻。

朋友最近很苦惱。問題的根源是傳承了幾千年的「婆媳關係」。她跟婆婆關係本來還不錯的，是很理想的「婆媳之交淡如水」，相互幫助，又各自獨立。交惡的導火線，是婆婆想搬進她家來住，而她不願意。

這真是婆說婆有理，她說她有理的事情。

當初買房時婆婆掏的首付，有了孫子之後又幫忙照顧，接送幼稚園，如今孩子該上小學了，婆婆提議自己搬進來幫忙接送孩子，這不是皆大歡喜嗎？沒想到遭到了兒媳的拒絕，婆婆自然是勃然大怒：「妳這是用完我就要當垃圾扔掉嗎！」

朋友的內心戲也很足：「你們幫忙很多，我感激不盡，但我們不能永遠沒有私人空間啊，哪怕幫你們在附近買間房子也可以，但不能搬進我家！更不要提婆婆控制欲極強，什麼事情都要指手畫腳，我忍了好幾年，已經忍無可忍了！」

講真，我都能想到婆婆聽到這番言辭之後嘴角的那一絲冷笑啊，換做是我，也一定會冷笑著說：「妳現在想起來私人空間了？」

這好像是許多人遇到的難題，尤其是在目前社會背景和家庭結構下，如果沒有老人幫忙照顧孩子，夫妻兩個就必定有一個要放棄或者半放棄工作，但以目前大部分人的收入水準，一個人的薪水根本撐不起一個家庭的支出；請保姆價格高昂可以先不討論，安全性這些年也一再遭到現實的摧殘……於是許多人不得已，最後還是得求助於老人。

於是，遇到我朋友這種難題的人，也就不在少數，只不過表現形式不同罷了。

婆媳關係，是世界難題。

當中華文化中的婆婆和媳婦在各種宮鬥劇裡學習技巧來對付看不順眼的對方時，西方的婆媳們也在明爭暗鬥，至少，不是傳說中的那麼互不干涉，兩不相欠。

在美劇《法庭女王》中，丈夫彼得因為嫖妓被關了，女主角亞莉莎重返職場，成為忙碌的初級律師，此刻，彼得的媽媽、亞莉莎的婆婆賈姬出場了。儘管不是力挽狂瀾，但她也幫忙照顧孫子孫女的飲食起居，給亞莉莎解除了後顧之憂，也是為兒子穩固了大後方——這是全家人共渡難關的溫馨時刻，也透露出美國婆媳的關係。

但細節裡看，更有趣。賈姬當然第一時間就原諒了兒子的不軌行為，她還會想方設法要求孫子孫女們去探望父親，進而達成諒解；更不要提，她看到兒媳婦打扮得漂亮一點就狐疑地問「妳要去哪裡」，抑或語氣酸酸地說「妳下班也太晚了」，言談舉止與許多中國婆婆頗為相似，提防兒媳，袒護兒子。人之常情。

只是，亞莉莎的表現，和東方女性就相去甚遠了。

首先，她對婆婆的幫助表示感謝，婆婆充當了「救火隊員」她才能夠順利地重返職場，這一點必須分得清。而許多中國兒媳對公婆幫忙這件事的默認設置是「理所當然」，感謝？有什麼好感謝的，說得直接一點「這是他們應該的」，委婉一點則是「都是一家人還那麼客氣幹麼」。這等於是自己先把界限模糊了，把自己小家庭的問題混淆成了大家庭的責任，為以後的矛盾衝突埋下隱患。

亞莉莎的感謝和感恩，實際上也是一種態度：這本來是我和丈夫的責任，但現在我們自顧不暇，妳能來幫忙支援我們實在太好，太感謝了——重要的是表明「這是我們的事」，婆婆是個「幫忙者」的角色。

主客觀念很清晰的亞莉莎，會謹慎、嚴格地恪守著自己的界限，婆婆任何越界的小動作都不能逃過她的眼睛，一旦發現，她可不是生悶氣或者跟閨蜜吐槽一番，回到家卻因為要用到婆婆所以還是默不作聲地作乖巧狀。

她從來都是直截了當地告知婆婆：「妳不要拿小事試探我！不要企圖干涉我的生活，這是我的事情！在我家的任何事情妳都應該尊重我的意見，哪怕是妳孫子孫女妳也沒有權利私自做主帶他們做事情，我才是法定監護人！」是不是很酷？有理有據，合情合理。

令人驚訝的是，賈姬也沒有翻臉，更沒有像我們很多老人那樣目瞪口呆之後大感委屈然後甩手就走，她的做法是，識趣地閉上嘴。她知道自己做的事情是錯的，是不應該的。那些事情發乎情，她不得不做，而做了之後她知道是錯的，面對指責時，也就會乖乖低頭，為自己的逾矩買單。

亞莉莎做得對，而賈姬心裡也有分寸感，這才是婆媳關係的最佳典範——她們當然不是親如母女，也沒有那麼多溫情脈脈，但是艱難時相互扶持，悲傷時互相擁抱一下，總比虛偽地做戲給對方看要好太多。

現代社會，當然有許多婆婆知書達理，退休生活豐富多彩，懶得去操心孩子們的事，但也還有好多，以攬和兒子的家事為己任。

許多婆媳的根本問題是，搞不清楚自己的戰場在哪裡，看不清自己的界限，也不知道對方的界限是什麼。總是混為一談，最後就成了一團亂麻。

兒媳的戰場本應該是在職場和自己的小家庭，而婆婆的戰場則是自己的家庭和生活才對。現實情況則是，在第三代誕生後，年輕的父母們忙於工作生計，只能依靠老人幫忙照顧，於是本來就沒什麼界限感的老太太踏入了兒媳的領地，開始廣撒網，多捕魚，不知不覺中侵吞霸占了兒媳的一畝三分地，於是戰爭在所難免。

打籃球的時候，每個人都會心心念念往自己的籃框裡投球得分，無論是婆婆還是媳婦，重要的是在自己的戰場做到最好，兒媳工作努力、孝敬老人、科學育兒、生活健康這些才是得分項；婆婆則是身體健康、幫兒女分憂、社交豐富等。兩個人要把目光放在自己如何得分上，同時組織好防守，若是對方越界或者企圖搶奪自己手上的籃球，那無論用戰略還是直接對抗，都要表明態度，做出努力。

亞莉莎和婆婆就是如此。她們每個人都在恪盡職守做好自己的那部分，而一旦婆婆試圖插手自己的生活、控制孩子甚至還對自己的私生活指手畫腳，亞莉莎的標準動作就是擺擺手，態度堅定地說：「噢，賈姬，不要！」

但關係處理不夠好的婆媳們，則搞成了足球比賽——她們一直試圖往對方的球門裡進球，在自己的領地受到侵犯之初不是很在意，畢竟把「獲得更多對方的資源為己所用」當成第一目標的時候，這些是可以忽略不計的，而直到後方出現空檔，被人家殺了個措手不及，才大呼小叫，失掉戰場。

對於大部分年輕人而言，切記一定要往自己的框裡投球，要把自己的生活盡可能地打理好，若迫不得已必須向老人尋求幫助，那也要誠懇而有原則。不要最開始為了得到幫助，什麼都「行行行」、「好好好」，姿態放得很低，身段很柔軟，到後來看孩子的任務完成了，就突然變了臉，談什麼個人空間談什麼隱私了。有的老人本來就缺乏界限感，若是你一開始不劃好線，出現問題時特別難堪頭疼的人，仍然會是你。

還不如一開始就搞搞清楚，你懂得感恩，也要劃出界限；你尊重老人，也告訴老人期望得到他們的尊重，事情就會更輕鬆一些了。

請對陌生人也好好說話

對家人好好說話，對朋友同事夥伴好好說話，對陌生人好好說話，對世界好好說話，你自然也就會得到世界好的回應。

去餐廳吃飯，若不幸鄰桌是比較愛說話且又不好好說話的人，真是折磨。

情人節中午，我跟閨蜜去餐廳吃飯，幾分鐘後，旁邊的桌子來了四個人——兩位老太太和一對情侶。他們不但愛說話，聲音特別大，而且基本上不好好說話——一個多小時裡，我很被動地圍觀了他們許多次，一頓美味的飯菜也吃得如同嚼蠟，心情很不爽。

第一次，是聽他們跟與一桌之隔的小情侶溝通抽菸的問題。

這桌的男人說了聲「不好意思」，話音還沒落，其中的A老太太已經高聲嚷起來了：「這裡有氣管不好的，你們還抽菸，你們@#$%……」老太太的聲音在餐廳上空飄蕩，震懾力極強，聽著很聒噪。那對「90後」的小情侶沒說話，默默地掐了菸，但老太太的怒火好像燃燒了很久才慢慢熄滅，餐廳上空還有硝煙未了。

先不說這家餐廳是否允許吸菸（他們吃的是煙熏火燎的韓國烤肉），也不必較真這是餐廳的吸菸區還是無菸區，單老太太這溝通方式，就讓人挺不舒服的。

禮貌而客氣地說一句「麻煩你，我氣管不好，請你們暫時不要吸菸好吧」又能怎樣？如此一來，既能解決問題，在得到對方的積極回應後也會心滿意足，不好嗎？

明明可以好好溝通的問題，非得把話說得氣勢洶洶，非得火冒三丈，搞得好像自己受了迫害，苦大仇深。要求別人有公德心、尊老的同時，也該順便尊重一下別人，注意一下說話的語氣和態度才好。

第二次，是吃飯期間，B老太太從包裡拿出張銀行卡，遞給坐在對面的年輕女子，讓她去結帳。

那女子，大概是她的女兒，皺著眉頭很厭惡地說：「妳放下來，幹嘛啊?!」B老太太囁嚅著：「妳拿著去結帳啊。」女兒手一揮：「趕緊放下來，別叨叨了！」老太太只好把卡又放回包裡，臉上是訕訕的笑。

這樣的情形我們一定看到過無數次，甚至我們也經常做類似的事情，但做為一個旁觀者來看，真的覺得很過分。

女兒完全可以跟媽媽開開玩笑：「這頓飯好貴的哦，妳確定買單？」也可以直接拒絕：「說好了我們請客，妳把卡收起來，好好吃飯吧！」總之，哪怕你用對朋友的態度來對待你的家人，也會好很多，是不是？

好像很多時候，我們已經不會好好說話了。餐廳裡，對服務員頤指氣使的大有人在，為上菜慢一點、點錯了一個菜就大發雷霆的也不在少數，更不要提有些人的故意刁難。

有一次，我看到一個所謂的成功人士，因為包廂服務生關門的聲音大了一點，眉頭一皺，指著服務生厲聲說：「你，出去，別回來了！」這已經不僅僅是不好好說話的問題了，而是沒教養。

幾乎所有服務業的從業人員，都一肚子的委屈，因為他們能聽到正常的、有教養的對話少之又少。很多人一遇到自認應該「被服務」的環境時，就不自覺地放下自己平素的教養，暴露出連自己都會被嚇一跳的粗鄙的一面。

我和很多人一樣，曾對電話推銷煩不勝煩。直到有一天，我無意中注意到一幅巨大的售屋廣告，突然想到剛剛給我打電話推銷房子的女孩，她急促而認真地說位置說價格說優勢，而我冰冷地說「我不要」掛了電話。這一刻，我突然想起那個被我粗暴拒絕的女孩，她也有自己的喜怒哀樂，有自己的悲歡離合，那麼高的樓那麼多的房子，他們要這麼一個個電話打下去，需要多大的勇氣和力量啊！她不過是在完成自己的工作，她是那些高聳的大樓背後看不到的隱形人，卻也有著真實敏銳的情感啊。我為什麼不能客氣而禮貌地拒絕她呢？

從那之後，我再也不會火冒三丈或冷冰冰地粗暴打斷推銷電話，還是會拒絕，但會客氣一點：「謝謝你，我不需要。」

電話那端和我們一樣謀生也謀愛的陌生人，值得被尊重。

教養，應該是一個人綜合表現出來的素質吧，是溫文爾雅，是彬彬有禮，是舉止得當。而一個人最基本的教養，難道不是好好說話嗎？

對家人好好說話，對朋友同事夥伴好好說話，對陌生人好好說話，對世界好好說話，你自然也就會得到世界好的回應。即便是愛，用壞的方式來表達，也會令人厭惡。所以，你當然應該對親近的人好好說話。

而所謂的教養，是即便面對一個陌生人、一個服務生、一個問路者、一個推銷員，也能好好說話。

畢竟，你怎麼對待這個世界，這個世界就會怎麼回敬你。

年輕時候太閒，未必是好事

在最需要學習最需要努力的時候，卻無所事事地追求什麼「穩定地閒著」，這是一種巨大的青春浪費，更是一種對自己不負責任的態度。

我認識的一個女孩跳槽，薪水翻倍，待遇極好，我們都替她開心。

到新公司兩天後，她在群裡慌慌地說：「怎麼還沒給我安排具體工作，我就這麼閒著，覺得心好慌啊。」

她之前的工作節奏緊湊，但能夠接觸新事物，學得多、學得快，所以想要換個環境時，眾多公司向她伸出橄欖枝，可謂炙手可熱。

當然會有人瞠目結舌：「這麼好的工作誰不想要啊，還真有閒出毛病來的？」但更多人會點點頭：「年輕的時候太閒，未必是什麼好事。」

工作中無所事事和把時間浪費在美好的事物上，是截然不同的兩個概念。

後者是一種生活態度，而前者，往往直接關乎經濟基礎乃至生活品質。一般情況下，在工作中很閒甚至無所事事的人，大都薪水微薄，不過是靠著惰性維繫著而已。不想去努力，浪費時間，消磨鬥志，年輕時那點夢想都被淘洗個精光後，學習的欲望和能力也消失殆盡。到最後，成了可有可無的人，想一想，這真是蒼白人生的第一步啊。

但，是你先繳械投降，任由「閒著」掌控你的人生，自然也就要面對它露出猙獰的面容。

另有女孩對我傾訴說，她一直在糾結要不要辭職。她在一間小公司做會計，公司業務不多，她就更閒散了。她說日日在這裡發呆，時間倒是大把，但都被浪費了，薪水又不高……這大概就是傳說中的「穩定地窮著」吧？——且慢，又不是事業單位或者公務員，公司職員哪裡敢談什麼「穩定」啊？！

這是「不穩定地窮著」啊。

我建議她，**沒找到更好的機會前，不妨先把時間用起來，讀書、學習、充實自己，內心充盈，眼界放寬，你就會越來越清楚自己想走什麼樣的路，想變成什麼樣的人。而不僅僅是雙手空空，只向天空大喊「世界那麼大，我要去看看」**。

說真的，你若身無長物，就算出去轉一圈，最終還是會回到類似的環境，做一份自己不喜歡的工作，拿那點微薄的薪水，就這樣而已。

那天看我妹發了條朋友圈，血槽滿滿地說又要開始學一門新課程了，還真是令我刮目相看，這些年她完全沒有停下過學習的腳步。

當初她以本科學歷進一所高校工作，雖然是英語專業八級，但在一所金融專業見長的大學裡也真的不算什麼，只能做輔導員，每天處理好學生們的大小事就可以了，空餘時間特別多。

這大概是父母輩眼裡特別期待女孩子能從事的工作，相對穩定，工作不忙。但對她而言閒著實在太無趣，彷彿人生一眼就能看到頭。

於是，她利用課餘時間練習口語，考取口語等級證，凡有外賓來訪，她都是欽點的隨隊翻譯；學跳舞，練瑜珈，學少兒英語……從前覺得薪水低時間多，人閒得心慌，想到未來就恐懼；如今上班下班忙得很充實，賺得多，時間用得緊俏，最要緊是開心。

所謂的財務自由，所謂的經濟獨立，更多時候是靠你積極向上的心態來營造的。動輒投資收益以億論的大老闆很精彩，月薪兩萬多小白領理財賺了幾百幾千塊也覺得很舒服，那份由內而外對自己的認同，對人生更高的追求，才是最動人的光彩。

如果工作真的挺閒，甚至讓你覺得閒得發慌，這說明你的內心並不認同自己此刻的狀態，那個真正的你想要做一些改變，他希望你能夠成為更好的自己。

應該嘗試著做一些改變，學習，進步，改變自己的狀態，而不是沉溺在一無是處的閒適裡，不要在十年二十年後後悔地說那句錐心卻無用的「如果我早一點……」

我從來不鼓勵過度使用自己，人生一定要張弛有度啊。

工作要認真投入積極努力，讓自己成為工作中不可或缺的一環，讓工作成為自己人生中價值體現的一個方面；生活中則要打理好方方面面，會精打細算地花錢理財，也會優哉游哉地喝茶旅行無所事事。

但是在最需要學習最需要努力的時候，卻無所事事地追求什麼「穩定地閒著」，這是一種巨大的青春浪費，更是一種對自己不負責任的態度。盡量多學一點東西，讓自己的內心能夠充實，至少在你需要的時候不會因為身無長技而滿心慌亂。

而在努力之餘，你才能夠有閒情逸致把時間浪費在美好的事物上，忙碌之後的風輕雲淡，拚搏之後的閒雲野鶴，才是令人快慰而滿足的。

年輕時候，太閒未必是一件好事。

最怕你人到中年，卻發現身無長技

那些無論何時都有勇氣顛覆一切重新開始的人，往往都有過人之處，他們不把自己禁錮在某個標籤裡，不會在悠長的歲月裡，任自己的夢想坍塌，不敢動彈。

跟很久不見的朋友喝茶聊天，到後半段開始慨嘆人生。

我們相識於年少時，看著彼此兩手空空地到社會上打拚，也曾少不更事暢談過光榮夢想，也曾以為可以親手創造輝煌讓別人瞻仰，她曾為愛不顧一切，我也在不知天高地厚的時候認為自己獨一無二跟誰都不一樣……

轉眼十多年，我們的話題從那些風輕雲淡豪情滿懷，漸漸變成了欲言又止。談到人生的各種不如意而我們居然都心知肚明，甚至默然接受，才驚覺已經人到中年。

她感慨工作種種不如意，主管的神挖洞，同事的小算計，客戶的難纏，家人的不理解……外人看她是名校畢業，進入大公司工作，出入高級辦公大樓，光環閃耀，其中甘苦只有自己知道。「有時候真不想幹了。」她苦笑著說。

我忍不住講出那句最殘忍又最真實的話：「若是離開現在的舞臺，失去了現在公司的光環，妳還能拿到現在的薪水，獲得更大自我價值的體現嗎？」她黯然地搖了搖頭。

當初選擇到這家公司，她也是力排眾議破釜沉舟的，最重要的原因是，專業不對口。她是名校畢業的高才生，學了好幾年的專業丟下了去做一份根本沒有什麼專業要求的工作，家人親友都覺得可惜。但她最終還是以為了愛情、為了高薪的名義，選擇了現在的公司。

工作沒多久，她就發現自己做錯了選擇，這份工作對她那顆熱切的事業心而言，就是一塊雞肋。

她的優點是頭腦清晰，適合做市場類的工作，但這個職位卻讓她每天應對無數糟心事，大部分就是跟同事扯皮，或者跟客戶扯皮……她掏空自己疲於應付，做得很不開心。

如果早一點下定決心離開，重新來過，也好吧？她當時卻猶豫了。

畢業兩三年後她就結婚了，過了一兩年生了孩子，這些人生大事發生時總覺得工作還是穩定一點好，盡量不要動盪。

等孩子該上小學，一切看上去都塵埃落定了，她發現自己年紀也大了，知識也沒更新過，早就失去了競爭力，再找任何一份工作，都不會比現在賺的多，而且再找一份工作她有可能得從頭學起，丟人都丟不起。她鬱悶地說：「現在才發現，我一技之長都沒有，除了現在的這份工作，靠什麼吃飯？！」

這件事，成了死循環。

一份工作失去了實現自我價值的功能，而只剩下「聊以度日」這個目的，實在是值得警惕。更可怕的是，有的人到三十歲之後就提前進入「前退休狀態」，所有的一切都以「保住工作」為目的，因為一旦失去這份工作，以他虛弱無比的競爭力，大概就很難在社會上立足了。

不僅是不自信，更是因為身無長技，還沒有學習願望和知識更新的能力，把他扔到弱肉強食的職場上去，只有被年輕人或者更強人才凌虐踐踏的分。

曾有人苦惱地說公司要求他們轉型做新媒體，「可是我們都四十多歲的人了，哪裡學得來那個嘛！」鄙薄著公司的種種，更要緊的是想盡辦法不被降級或者辭退，否則一生功力全廢，下半生有多悲催就更不可想像。

這種人不在少數，甚至是人群中的大多數。失去一份工作就失去了賴以生存的飯碗，不過是因為沒有真正的技能，所以這個舞臺就成了他的全世界，必須傾力去攀附。

而那些有一技之長的人，卻總能活得遊刃有餘。

看我周圍如今活得理直氣壯的，多是身懷絕技的朋友——有人會做衣服，有人會畫畫，有人設計做得很棒，都自動散發出「走遍天下都不怕」的氣息。

人到中年卻發現身無長技，沒有一技之長傍身，才是可憐又可悲的內心狀態。

因為此時，已經沒有了年輕時「隨時可以從頭重來」的勇氣和衝動，也沒有了可以放棄一切的資本，除了自己，還多了家庭的負累，更不要提社會輿論與人際壓力，誰都不想成為別人眼裡的Loser，而彷彿只要有一份工作，就是一個社會標籤，就可以獲得一份認可。

最終，就會被禁錮在這個標籤裡，哪怕自己再痛苦、再難過，也不敢動彈，生怕建築在這之上的夢幻城堡隨時坍塌——儘管這城堡你蓋得那麼粗糙不堪，充滿著鬱鬱寡歡的氣息，人人都看得出你不開心，可是你還是決定要繼續這麼堅持下去。

那些無論何時都有勇氣顛覆一切重新開始的人，往往都有過人之處，或有一技之長，或曾經歷經過歲月風雨積攢了足夠多的經驗，不是人人都能成為褚時健[18]，因為你沒有他所擁有過的過去。

我特別怕成為一個這樣的人。

我怕自己人到中年，突然發現除了要緊緊維繫住一份工作來獲得社會認可之外，再也沒有什麼好緊張、好驕傲的事情了。

我怕自己並不熱愛一份工作，甚至做得很痛苦時卻要為了一份薪水，為了一個標籤而一直做下去，十年，二十年，三十年，一直到退休之日，才長舒一口氣。這膽顫心驚勉力維繫的幾十年，會淤積下多少灰暗的情緒多少黯然神傷啊？

這樣的人，周圍有好多，他們認為「做自己喜歡的事情」是一種奢侈，認定堅持是一種負責任，甚至會看不起那些有勇氣改變的人，認為他們不過是窮折騰，哪怕有人功成名就，他們也不過是撇撇嘴：「當初還不是跟我一樣？」

若是再沒有點其他的興趣愛好，大多數的他們都會變得死氣沉沉，毫無樂趣。

我認識一個做家具生意的大叔，身家不菲。

他說自己當年之所以想要做生意，就是因為在一個悠閒的部門上班時，突然覺得自己在浪費人生——去辦公室喝茶、看報紙，上班下班，日復一日，每一天都知道第二天會發生什麼，甚至知道下週會發生什麼。於是扔掉了鐵飯碗，下海做起了生意。

年輕時沒有做出的努力，沒有糾正過的選擇，沒有為人生做過的每一次奮鬥，最後都可能會導致日後逐漸走上苟且過活的路，漸漸就麻木了，就無所謂了。

到突然內心陣痛的年紀，卻也無濟於事，一切都來不及也更沒有勇氣改變了。

若說人生有很多悲戚的時刻，那麼，人到中年卻發現身無長技，絕對是其中之一。

因為你的人生突然在這裡被卡殼，退不回，進不了，你只能任憑命運擺布，做它的傀儡，

18 褚時健：中國著名企業家，曾擔任玉溪捲菸廠廠長，任職期間將捲菸廠改造為亞洲最大的菸廠，並發展為紅塔集團。後因經濟問題被監視居住，於一九九九年被判處無期徒刑，兩年後保外就醫開始大量種植橙子，同時成立果品公司。二〇一九年因病去世。

卻安慰自己說：「平凡人生，大抵如此。」

什麼時候都不晚，去找一點屬於你自己的特別技能，無論是你在職場中的競爭力，還是一技之長，讓它成為你的驕傲你的標籤你賴以生存的技能，無論走到哪裡，你都身懷絕技，這才是最讚的事情。

做朋友，也要有分寸感

所謂的分寸感，是對人與人之間距離的把握，是對彼此差距的認知，也是一種相互尊重，一種自我保護。

有個我不怎麼熟悉的人，忘了在什麼場合見過一面，加了微信，從此就孜孜不倦地騷擾我。隔三差五就給我發消息：幫忙投票唄！幫忙給我的第一條朋友圈點讚啊！幫忙點擊一下這篇文章吧！妳昨天朋友圈裡的那個東西是在哪裡買的，連結發給我咯……到最後他甚至問我，能不能給他寫一篇文章，他要給自己的行業雜誌投稿！

被騷擾了一段時間之後，我終於把他刪除了。但他居然重新申請加我，還說：妳怎麼把我刪了啊，妳是不是操作失誤了？

我的天！

微信的存在，某種程度上抹殺了分寸感這件事。

它不像是微博，陌生人給你發私信，若是你不回，那麼它就一直在陌生人的那個信箱裡待著。微信只要加了「好友」，就好像真的有一種是好友的錯覺了。

以至於，一些根本不熟悉的人，或者陌生人，也完全踩踏著分寸感，爭先恐後地來爭奪你的注意力，瓜分你的時間，甚至，擾亂你的情緒。

從前用 QQ 的時候，至少你還得在電腦上登入，所以有時候你不在線上，別人發了消息你沒回，不會被怪罪，而現在微信在你的手機上，你好像就「有責任」隨時隨地回應否則就會被認為傲慢、無理、不尊重人……這種距離感的缺失，在某種程度上導致我們漸漸失去了人與人交往的分寸感。

所謂的分寸感，是對人與人之間距離的把握，是對彼此差距的認知，也是一種相互尊重，一種自我保護。

當你產生誤解，認為自己跟其他人是非常平等、靠得很近時，會有一種「絕對平等」的錯覺，而一旦差距顯露，溝壑出現，巨大的落差所形成的心理波折，就可想而知。

有個朋友給我發微信說：「看到了嗎，某某剛買了新車，差不多一百萬，真能炫耀！」我呵呵噠，沒回他。

他提到的那個人，自己開公司賺得盆滿缽滿，住別墅開豪車是早幾年就實現的事，這些我們私下裡都知道，只是這次在朋友圈裡發了一下剛換的新車而已，就被不那麼熟悉的人八卦，有意思。

我們在現實中跟朋友交往的時候，都會比較有分寸，除非是關係非常親密的朋友，否則很少會有人口不擇言，也不會任意評價什麼。

但是在微信上，我們就不。

在朋友圈裡點評的時候，會由著性子評論，我們會略帶嘲諷地批評那些跟自己並不熟的朋友，甚至跟關係沒有熟到分上的朋友說一些平時絕對不會說的話。

網路縮小了我們的距離，但是切記，那種縮小根本沒有你想的那麼誇張。

我拉黑了一個在朋友圈評論裡開黃腔的男性朋友，換在現實場合中，想來他是絕對不會講的，可是到了微信裡，到了朋友圈裡，就變成了可能。

前段時間，一個多年未見的朋友加了我微信。我們從前也沒有多熟稔，經年不見，彼此的狀況都沒什麼瞭解，現在她在哪座城市，做什麼工作，有什麼樣的生活，我一無所知。說實在的，也並不好奇。

那天我忙得團團轉，截稿日期在即，心裡都快著火了，加了她之後打了個招呼我就摩拳擦掌準備寫稿了。她發了幾條消息過來，我看了一眼也沒什麼重要的事，跟她說了一聲「不好意思我在忙」就把網路關了。每當需要非常專注地寫稿時，我都會這麼做，否則太花時間了。

一個小時後我再開微信時，看到她發來的十幾條消息，最開始還是寒暄，再後來就是憤怒質問了：「妳變化好大，現在怎麼對人愛理不理的？」

我無語了。

為什麼一個人對於打擾別人會這麼理所當然理直氣壯？當妳聽到別人說在忙的時候，難道不應該知趣地消停一會兒嗎？為什麼我們在生活中能做到的事情，在網路上卻完全做不到呢。

還有一種特別不見外愛談心的人，更可怕，他們可能根本沒有聽說過「分寸感」這個詞，他們積攢了太多的苦悶和牢騷，千頭萬緒就想找個人發洩。

這種人非常「自來熟」，聊幾句之後他們就會把你視為知心人，大小事都會跟你說，無論是主管罵她了，還是同事發生矛盾了，或者跟老婆吵架了，又或者其他的大小事，他們都會毫不見外地把你當作情緒垃圾桶，傾訴不夠，還得問：「你說，我說得對不對，我做得對不對？！」

我始終認為，人與人之間，是要有點分寸感的。不但你跟周圍的人應該有，跟自己的父母也應該有，陌生人之間更應該有。

我給出建議的時候，也一定是站在你幾公尺之外，哪怕再設身處地，也無法以你的思維方式考慮問題，這是現實。

因為你自己的人生，別人是無法參與的，這種分寸感能夠很好地界定我給出的建議或者意見只是我個人的想法，我需要謹慎地提醒你我可能會這樣做，而你未必，重要的是你要自己思考。

許多人渴望有親密無間的友誼，想想看，許多親密無間的友誼最後可能會翻船，因為失去分寸感的感情可能會因為有恃無恐而導致更加劇烈的反目。過於親密的友誼很容易突破分寸感，互相之間的隱私都心知肚明，到要翻臉成仇的時候，都成了相互攻擊的武器。

分寸感不是疏遠，不是冷落，不是傲慢，更不是不尊重，而是我們站在自己的角度上，清醒地認識自己的位置，懂得自己的分寸，對自己有清醒的認知。

唯有如此，我們才能夠更好地尊重別人，妥善安頓我們的友誼和感情。

國家圖書館出版品預行編目(CIP)資料

你不必活在別人的期待裡 / 小木頭著. -- 初版. -- 新北市：晶冠, 2021.11
面； 公分. --（智慧菁典系列；24）

ISBN 978-986-06586-7-5(平裝)

1. 自我肯定 2. 自我實現

177.2 110015950

智慧菁典 24

你不必活在別人的期待裡

作　　者　小木頭
行政總編　方柏霖
責任編輯　王逸琦
封面設計　柯俊仰
內頁排版　李純菁
出版企劃　晶冠出版有限公司
總 代 理　旭昇圖書有限公司
電　　話　02-2245-1480（代表號）
傳　　真　02-2245-1479
郵政劃撥　12935041 旭昇圖書有限公司
地　　址　235 新北市中和區中山路二段 352 號 2 樓
E-MAIL　s1686688@ms31.hinet.net
旭昇悅讀網　http://ubooks.tw
印　　製　福霖印刷有限公司
定　　價　新台幣 350 元
出版日期　2021 年 11 月 初版一刷
ISBN-13　978-986-06586-7-5

作品名稱：《你不必活在別人的期待裡》
作者：小木頭
本書經北京白馬時光文化發展有限公司授權，由晶冠出版有限公司出版繁體中文版本。